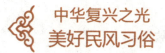

中华复兴之光
美好民风习俗

U0695736

生肖寿诞礼俗

梁新宇 主编

汕头大学出版社

图书在版编目（CIP）数据

生肖寿诞礼俗 / 梁新宇主编. -- 汕头 ： 汕头大学
出版社，2017.1（2023.8重印）
　　（美好民风习俗）
　　ISBN 978-7-5658-2820-1

　　Ⅰ．①生… Ⅱ．①梁… Ⅲ．①十二生肖－文化 Ⅳ.
①K892.21

中国版本图书馆CIP数据核字(2016)第293483号

生肖寿诞礼俗　　　SHENGXIAO SHOUDAN LISU

主　　编：梁新宇
责任编辑：邹　峰
责任技编：黄东生
封面设计：大华文苑
出版发行：汕头大学出版社
　　　　　广东省汕头市大学路243号汕头大学校园内　邮政编码：515063
电　　话：0754-82904613
印　　刷：三河市嵩川印刷有限公司
开　　本：690mm×960mm　1/16
印　　张：8
字　　数：98千字
版　　次：2017年1月第1版
印　　次：2023年8月第4次印刷
定　　价：39.80元
ISBN 978-7-5658-2820-1

版权所有，翻版必究
如发现印装质量问题，请与承印厂联系退换

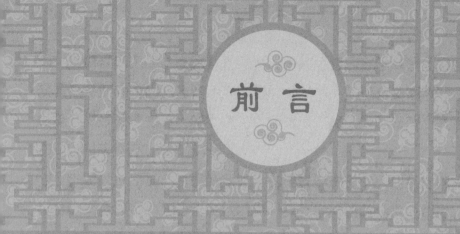

前言

党的十八大报告指出："把生态文明建设放在突出地位，融入经济建设、政治建设、文化建设、社会建设各方面和全过程，努力建设美丽中国，实现中华民族永续发展。"

可见，美丽中国，是环境之美、时代之美、生活之美、社会之美、百姓之美的总和。生态文明与美丽中国紧密相连，建设美丽中国，其核心就是要按照生态文明要求，通过生态、经济、政治、文化以及社会建设，实现生态良好、经济繁荣、政治和谐以及人民幸福。

悠久的中华文明历史，从来就蕴含着深刻的发展智慧，其中一个重要特征就是强调人与自然的和谐统一，就是把我们人类看作自然世界的和谐组成部分。在新的时期，我们提出尊重自然、顺应自然、保护自然，这是对中华文明的大力弘扬，我们要用勤劳智慧的双手建设美丽中国，实现我们民族永续发展的中国梦想。

因此，美丽中国不仅表现在江山如此多娇方面，更表现在丰富的大美文化内涵方面。中华大地孕育了中华文化，中华文化是中华大地之魂，二者完美地结合，铸就了真正的美丽中国。中华文化源远流长，滚滚黄河、滔滔长江，是最直接的源头。这两大文化浪涛经过千百年冲刷洗礼和不断交流、融合以及沉淀，最终形成了求同存异、兼收并蓄的最辉煌最灿烂的中华文明。

五千年来，薪火相传，一脉相承，伟大的中华文化是世界上唯一绵延不绝而从没中断的古老文化，并始终充满了生机与活力，其根本的原因在于具有强大的包容性和广博性，并充分展现了顽强的生命力和神奇的文化奇观。中华文化的力量，已经深深熔铸到我们的生命力、创造力和凝聚力中，是我们民族的基因。中华民族的精神，也已深深植根于绵延数千年的优秀文化传统之中，是我们的根和魂。

　　中国文化博大精深，是中华各族人民五千年来创造、传承下来的物质文明和精神文明的总和，其内容包罗万象，浩若星汉，具有很强文化纵深，蕴含丰富宝藏。传承和弘扬优秀民族文化传统，保护民族文化遗产，建设更加优秀的新的中华文化，这是建设美丽中国的根本。

　　总之，要建设美丽的中国，实现中华文化伟大复兴，首先要站在传统文化前沿，薪火相传，一脉相承，宏扬和发展五千年来优秀的、光明的、先进的、科学的、文明的和自豪的文化，融合古今中外一切文化精华，构建具有中国特色的现代民族文化，向世界和未来展示中华民族的文化力量、文化价值与文化风采，让美丽中国更加辉煌出彩。

　　为此，在有关部门和专家指导下，我们收集整理了大量古今资料和最新研究成果，特别编撰了本套大型丛书。主要包括万里锦绣河山、悠久文明历史、独特地域风采、深厚建筑古蕴、名胜古迹奇观、珍贵物宝天华、博大精深汉语、千秋辉煌美术、绝美歌舞戏剧、淳朴民风习俗等，充分显示了美丽中国的中华民族厚重文化底蕴和强大民族凝聚力，具有极强系统性、广博性和规模性。

　　本套丛书唯美展现，美不胜收，语言通俗，图文并茂，形象直观，古风古雅，具有很强可读性、欣赏性和知识性，能够让广大读者全面感受到美丽中国丰富内涵的方方面面，能够增强民族自尊心和文化自豪感，并能很好继承和弘扬中华文化，创造未来中国特色的先进民族文化，引领中华民族走向伟大复兴，实现建设美丽中国的伟大梦想。

目 录

十二生肖

十二生肖

　　生肖指的是人所生年份的属相，一共有12个，统称十二属相或十二相属，分别用12种动物鼠、牛、虎、兔、龙（传说中的）、蛇、马、羊、猴、鸡、狗、猪来代表。12种动物又同十二地支两两相配，即子为鼠，丑为牛，寅为虎，卯为兔，辰为龙，巳为蛇，午为马，未为羊，申为猴，酉为鸡，戌为狗，亥为猪。

　　我国生肖文化历史悠久，内容丰富，两两相对，民俗气息浓郁，是最具有大众基础、辐射性广、凝聚力强的传统文化之一，具有丰富的内涵。

传说玉皇大帝给动物排名次

相传玉皇大帝在天上待得久了，不免有些烦闷，就想选出12种动物作为代表。于是，他派神仙下凡跟动物们说了这件事，又定了时间在卯年卯月卯日卯时到天宫来竞选，并说来得越早排名越前，后面的排不上。

那个时候，猫和老鼠还是好朋友，猫爱睡觉，但它也想被选上，所以就叫老鼠到时候叫它。可是老鼠一转头就忘记了。老鼠去找来老牛，说老牛起得早、跑得快，请老牛到时候带着他一起

去，老牛答应了。

当时的龙是没有犄角的，而鸡是有犄角的。龙跟鸡说，你已经很漂亮了，就用不着犄角来装饰了，龙的意思是想让鸡把犄角借给它。

鸡一听龙的奉承，就很高兴地借了犄角给龙，并让龙在竞选后记得按时还它，龙满口答应下来。

到了卯年卯月卯日卯时，众动物纷纷赶向天宫。这时的猫还在睡觉，而老鼠却坐在牛背上一直到达天庭。但到了天庭，老鼠却"蹭"地一跳，抢在了老牛的前面。

玉皇大帝说老鼠最早到，就让老鼠排第一，老牛排第二。随后，老虎排第三，兔子排第四。龙来得很晚，但龙的个儿大，玉皇大帝一眼就看到了龙，就叫龙过来，让漂亮的龙排第五，还让龙的儿子排第六。这时龙很失望，因为它儿子今天没来。这时，后面的蛇跑来说龙是自己的干爸，于是蛇排了第六。

　　这时，马和羊也到了，它们都礼让对方排自己前面。玉皇大帝看马和羊这么有礼貌，就让它们排了第七和第八。

　　猴子本来排在第三十位左右的，可是它凭自己善跳跃的本领，一下蹦到天上拉来云朵，飘到了前面，结果排在了第九。紧接着，鸡狗猪也先后被选上。

　　竞赛结束了，这时的懒猫才刚醒。猫知道了老鼠耽误了自己，就满世界地追着老鼠，从此誓不两立。

　　龙在竞赛结束后来到大海边，它看到自己有了犄角，比以前漂亮了很多，就不准备把犄角还给鸡了。为了躲鸡，它从此消失在人世间之外。

　　鸡很气愤，从此以后，它天天一大早起来对着大海喊："快还我！快还我！"母鸡就跟着喊："快还它！快还它！"小鸡也叫："还！还！"

　　在民间传说中，关于十二生肖动物的排序，还有另一个广为流传的版本。

　　据说有一年，玉皇大帝过生日，下令让所有的动物在正月初九这天前来祝寿，并决定按前来祝贺生日的报到顺序选定十二种动物，作为通往上天之路的守卫，并按年轮流值班。

　　在当时，老鼠和猫是邻居，猫在平时常常欺负老鼠，老鼠对猫也是敢怒而不敢言。老鼠接到玉皇大帝下的令后，知道猫有个贪睡的毛病，便心中窃喜：报复猫的机会终于来了。

　　猫也接到了玉皇大帝的命令，它知道自己贪睡，就叩响了老鼠家门，请求老鼠去给玉皇大帝祝寿时叫醒自己一同前往，老鼠满口答应下来。为了报复猫，到了正月初九的清晨，老鼠便悄悄地独自出发了。

老鼠虽然起得很早，跑的也很快，但到了宽宽的河边，面对着涛涛的河水，它发愁了，只好坐在河边等着其他动物渡河时，跳到它们的背上借力渡河。老鼠等了好一会儿，终于等到了一向早起的老牛。

老牛慢悠悠地走到河边，泅入水中，向对岸游去。这时，老鼠趁机跳到老牛的耳朵里。老牛知道老鼠钻进了自己的耳朵，但它一贯以憨厚著称，善于助人为乐，因此它对老鼠这种投机行为毫不在意。

泅渡过河后，老鼠觉得躺在牛耳朵里既舒服又省力，因此也没有跳下来的意思。天近午时，牛载着老鼠到了玉帝的家门外。

就在牛刚要进门时，老鼠迫不及待地从牛耳朵里窜出来，抢先跳到了玉帝面前。

就这样，老鼠取得了第一名。而载了它一路的老牛，却只获得第二名。

稍后，老虎、兔、龙、蛇、马、羊、猴、鸡、狗也陆续到达。猪虽然有些笨拙，但也按时到达，名列第十二名。

玉帝按它们报到的先后次序，一一赐封它们为每年的轮值生。十二生肖的顺序就这样确定下来了。

正月初十，天还没有亮，熟睡了几天的猫终于醒了。它知道自己睡了很长时间，就趁黑上路了，猫一路上很得意，因为它没有发现一个动物出现。来到了玉帝门前，猫一边敲门，一边高喊："玉帝，猫来报到了！"

前来开门的人一听，哈哈大笑，对猫说："你真是一只大笨猫，你已经迟来一天了，还是回去洗洗脸，清醒清醒脑子吧！不要老是一副睡不醒的样子，把玉帝的指令都抛在脑后。"这时的猫已经估计到了整个事情的经过，没想到老鼠竟敢食言，气得长须倒竖，杏眼圆睁，真是愤怒到了极点。

从此以后，猫与老鼠结下了不解的怨仇，发誓一见到老鼠就把它咬死，大有不吃尽天下老鼠誓不罢休的气概。

关于十二生肖的排列，还有各种传说，这类故事，或似开心解闷的笑谈，或似贬恶扬善的寓言，文学成分较浓。但是，生肖座次的排定，绝非一朝一夕，也不是一代人所能完成的。最初未必就是一次提名12种，也许只有四五个，也许曾有过超额的情形，后来优胜劣汰，定额定员并定位了，一直传至今日。

知识点滴

在十二生肖中除了龙都是现实中有的动物，为什么古人会把不存在的龙排在十二生肖中，这与原始社会形成的龙图腾信仰有关。

龙，是中华民族的象征，是集许多动物的特性于一体的"人造物"，是人们想象中的"灵物"。龙代表富贵吉祥，是最具象征色彩的吉祥动物。

龙作为一种文化的凝聚和积淀，已扎根和深藏于我们每个人的潜意识里，龙文化的审美意识已渗透入了我国社会文化的各个领域、各个方面。因此，生肖中更少不了龙的位置。

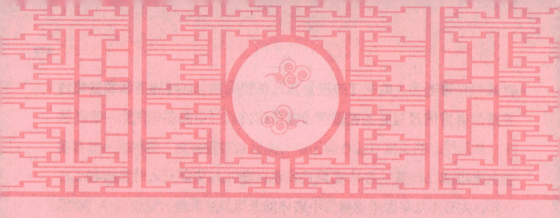

干支纪时与生肖的寓意

那是在原始时代，人们发现月亮按照一定的规律进行盈亏变化，发现十二次月圆为一岁。这一发现，是初期历法成果之一，"十二"

便被视为传达天意的"天之大数"。

根据我国古老的阴阳八卦观，天为阳，地为阴，天乾而地坤。以天为主、地为从者古已有之。天有十位，谓之天干，又称十母，即甲、乙、丙、丁、戊、己、庚、辛、壬、癸；与之相对应的，地有十二位，谓之地支，又称十二

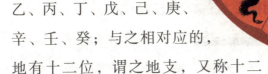

子，即子、丑、寅、卯、辰、巳、午、未、申、酉、戌、亥。

后来，我们的祖先便根据太阳升起的时间，将一昼夜区分为12个时辰，并采用十二地支纪时法来记录，每个时辰相当于现在两个小时，这样，一昼夜便是后来所称的24个小时。同时，在观天象的时候依照12种动物的生活习惯和活动的时辰，确定十二生肖。

夜间11时至次日凌晨1时，属子时，正是老鼠趁夜深人静，频繁活动之时，称"子鼠"。

凌晨1时至3时，属丑时。牛习惯夜间吃草，农家常在深夜起来挑灯喂牛，故称"丑牛"。

凌晨3时至5时，属寅时。此时昼伏夜行的老虎最凶猛，古人常会在此时听到虎啸声，故称"寅虎"。

清晨5时至7时，属卯时。天刚亮，兔子出窝，喜欢吃带有晨露的青草，故为"卯兔"。

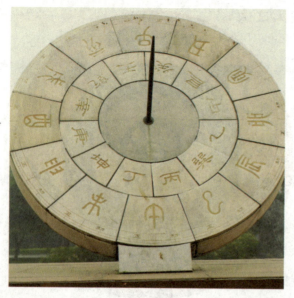

早晨7时至9时，属辰时。此时一般容易起雾，传说龙喜腾云驾雾，又值旭日东升，蒸蒸日上，故称"辰龙"。

上午9时至11时，属巳时。大雾散去，艳阳高照，蛇类出洞觅食，故作"巳蛇"。

中午11时至1时，属午时。古时野马未被人类驯服，每当午时，四处奔跑嘶鸣，故称"午马"。

午后1时至3时，属未时。有的地方称此时为"羊出坡"，意思是放羊的好时候，故称"未羊"。

下午3时至5时，属申时。太阳偏西了，猴子喜在此时啼叫，故为"申猴"。

下午5时至7时，属酉时。太阳落山了，这时，鸡在窝前打转，故称"酉鸡"。

傍晚7时至9时，属戌时。人劳碌一天，闩门准备休息了。狗卧门前守护，一有动静，就汪汪大叫，故为"戌狗"。

夜间9时至11时，属亥时。夜深人静，能听见猪拱槽的声音，于是称作"亥猪"。

就这样，一天的时辰和动物搭配就排列了下来：子与鼠、丑与牛、寅与虎、卯与兔、辰与龙、巳与蛇、午与马、未与羊、申与猴、酉与鸡、戌与狗、亥与猪。后来人们把这种纪时法用于纪年，就出现了十二生肖。对于12种动物配十二时辰，还有一类似的说法。这一说法两两相对，六道轮回，体现了我们祖先对我们全部的期望及要求。

据说天地生成于子时，生之初，没有缝隙，气体跑不出来，物质无法利用，被老鼠一咬，出了缝隙，才使气体跑出来，物质便能利用了。老鼠有打开天体之神通，子时就属鼠了。老鼠打开了天地之缝，牛便出来耕耘土地，于是丑时就属牛了。

传说人生于寅，"寅"字有敬畏之意，古时人最怕老虎，寅时便属虎了。卯时已经进入清晨，但太阳还没有出来，照亮大地的还是月亮，而月宫中唯一的动物是"玉兔"，于是卯时便属兔。

传说辰时正是群龙行雨的时候，此时自然属龙了。蛇善于利用草掩藏其行踪，据说巳时蛇不在人行走的路上游动，不能伤人，所以巳时属蛇。

午时阳气达到极限，阴气刚欲产生，马跑离不开地，是属阴类动物，故午时属马。传说羊吃了未时的草，并不影响草的再生，未时就属羊了。

申时的"申"有"伸"的意思，而猴子最善于伸屈攀登，故申时属猴。酉时鸡开始归窝，此时当属鸡。

戌时天渐渐黑了，狗开始"工作"，看家望门护院，这时就属狗。亥时已入夜，万物寂静，天地混沌，而猪和天地混沌

一样，除"吃"以外一无所知，亥时自然就属猪了。

第一组为鼠和牛。鼠代表智慧，牛代表勤劳。两者一定要紧密地结合在一起，如果只有智慧不勤劳，就变成了小聪明，光是勤劳，不动脑筋，就变成了愚蠢。所以两者一定要结合，这是我们的祖先对于第一组的期望和要求，也是最重要的一组。

第二组是老虎和兔子。老虎代表勇猛，兔子代表谨慎。两者一定要紧密地结合在一起，才能做到所谓的大胆心细。如果勇猛离开了谨慎，就变成了鲁莽，而一味的谨慎就变成了胆怯。这一组也很重要，所以放在第二位。

第三组是龙和蛇。龙代表刚猛，蛇代表柔韧。所谓刚者易折，太刚了容易折断；过柔易弱，太柔了就容易失去主见，所以刚柔并济是我们历代的祖训。

第四组是马和羊。马代表一往无前，向目标奋进，羊代表团结和睦。中华民族是一个大家庭，我们更需要团结和睦的内部环境，只有集体的和谐，我们才能腾出手追求各自的理想。如果一个人只顾自己的利益，不注意团结、和睦，必然会落单。所以，个人的奋进与集体的和睦必须紧紧结合在一起。

第五组是猴子和鸡。猴子代表灵活，鸡定时打鸣，代表恒定。灵活和恒定一定要紧紧结合起来。如果你光灵活，没有恒定，再好的策略最后也得不到收获。只有它们之间非常圆融的结合，一方面具有稳定性，保持整体的和谐和秩序，另一方面又能不断变通地前进。

最后是狗和猪。狗代表忠诚，猪代表随和。一个人如果太忠诚，不懂得随和，就会排斥他人。而反过来，一个人太随和，没有忠诚，这个人就失去原则。所以无论是对一个民族或国家的忠诚、对团队的忠诚，还是对自己理想的忠诚，一定要与随和紧紧结合在一起，这样才容易真正保持内心深处的忠诚。这就是我们一直坚持的外圆内方，"君子和而不同"。

每个人都有属于自己的生肖，我们的祖先期望我们要圆融，不能偏颇，要求我们懂得从对应面切入。比如属猪的人能够在他的随和本性中，也去追求忠诚。而属狗的人则在忠诚的本性中，去做到随和。

我国古代许多民族都有动物信仰。比如白族的虎氏族认为，他们的始祖为雄性白虎，虎也不会伤害他们。出远门时要选在属虎的那天，认为只有这样，做事才会吉祥如意。回家时也一定要算准日期，只有虎日才进门槛。

白族的鸡氏族则传说，他们的祖先是从金花鸡的蛋里孵化出来的，认为公鸡知吉凶，会保佑他们。在迁徙时，将东西装在背篓里，上面放一只公鸡。到达新迁地区后，公鸡在什么地方叫，表明这个地方最吉利，于是就在这里安家。

知识点滴

十二生肖之首的子鼠

　　相传那是在我国上古时期的时候，轩辕黄帝定下了12个生肖的顺序。其中老鼠排在第一，占据连接着昨日与今日的子时。

　　十二生肖动物的足趾或为单数，或为双数，只有鼠的前爪为四

趾，后爪为五趾。古人以奇数为阳，偶数为阴，鼠阴阳齐备，前爪体现"昨日之阴"，后爪象征"今日之阳"。鼠与子时密不可分，况且夜半时分正是老鼠最活跃的时候。于是，鼠就占了十二生肖动物的第一位置上。

对于鼠占子时，清初刘献廷撰的笔记丛刊《广阳杂记》说，上古的时候，天地混沌一片，是鼠在子时咬破混沌，使天地分开，建此创世奇功，于是鼠名列十二生肖之首，自然当之无愧。

种种传说，虽然都难以为凭，但老鼠机警、狡诈而又运气好的形象，却丰富了民俗文化。

在民俗文化中，老鼠被称为仓神，号为"大耗星君"。农历正月二十五日是填仓节，又称天仓节。在填仓节这天，粮商米贩都要祭"仓神"。

相传很久以前，北方曾大旱三年，赤地千里。一位看守粮仓的官吏于心不忍，开仓救民，然后在正月二十五日放火烧仓，自己也在烈火中结束了生命。

人们为了纪念这位为老百姓献身的无名氏仓官，就在正月二十五这一天，北方家家户户在院里或打谷场用筛过的炊灰，撒出一个个粮囤状的灰圈，内放五谷杂粮，并在其上覆盖瓦片，意即填满粮仓。

传说填仓节这天是老鼠嫁女的日子。老鼠嫁女这一日忌开启箱柜，怕惊动老鼠。前一天晚上，儿童将糖果、花生等放置阴暗处，并将锅盖簸箕等物大敲大打，为老鼠催妆。第二天早晨，将鼠穴闭塞，认为从此以后鼠可以永远绝迹。

还有的地区在老鼠娶妇日，很早就上床睡觉，也为了不惊扰老鼠，俗谓"你扰它一天，它扰你一年"。

历史上过老鼠嫁女节，一般是在正月二十五晚上。当天晚上，家家户户都不点灯，全家人坐在堂屋炕头，一声不响，摸黑吃着用面做的"老鼠爪爪"等食品，不出声音是为了给老鼠嫁女提供方便，以免得罪老鼠，给来年带来隐患。

我国台湾的居民认为初三为小年，传说初三晚上是老鼠结婚日，所以深夜不点灯，在地上撒米、盐，人要早晨上床，不影响老鼠的喜事。台湾民间剪纸中的"老鼠娶亲"就是这种信仰的反映。

老鼠嫁女之日，并非全定在正月二十五日，有的地方是正月初十，这一夜还必须点灯，为鼠照明。比如浙江金华一带，旧时以二月初二为老鼠嫁女日，这一天家家炒爆黄豆，拌以红糖，撒于屋隅。

老鼠嫁女，一向是我国民间年画或剪纸的传统题材，鼠新郎、鼠新娘以及鼠傧相、宾客等，一如人间的场面，虽然无不尖嘴细腿，却都穿红衫着绿裤，摇摇摆摆，结队成行，隆重而滑稽。

鼠与人类的生活，千丝万缕地纠缠在一起，鼠文化自然在人类日常生活的方方面面不加掩饰地呈现出来，鼠文化使鼠变得越来越可爱，越来越神秘。

唐代文学家柳宗元的《永某氏之鼠》，记载了这样一个故事：永州某人禁忌很多，因为属鼠，所以敬鼠如神，家里不许养猫，也禁止仆人灭鼠。于是老鼠一传十，十传百，都到他家来，结果把他家里闹翻了天，家里没有一样完整的东西，白天老鼠也出来活动。这个人后来搬到别的州去了，新来的主人对老鼠就不那么客气了。

故事告诉人们：凡是害人的东西，即使一时可以找到"保护伞"，但这种庇护是不可能长久的，最终还是没有好下场。

知识点滴

代表勤劳与朴实的丑牛

古人向来有"残冬出土牛送寒气"的习俗。每年的立春这一天，人们就怀着期盼已久的心情准备迎接春天了。两汉时期，这一习俗被确定为在立春这天举行土牛迎春仪式。

当日清晨，京城百官都着青衣、戴青帽、立青幡，送土牛于城门外。官员执鞭击土牛，以示劝农，各郡县也举行同样的仪式。随后，百姓哄抢碎牛的散土，说牛肉"兼辟瘟疫"。争来抢去，成了一个热热闹闹的节日，谓之"鞭春"、"鞭牛"。

立春用土牛祈祷丰收的习俗，经两

汉入唐至两宋，越来越丰富多彩。汉时，立土牛六头于国都郡县城外丑地，以送大寒。丑的方位在北方偏东，十二生肖配十二地支，牛为丑，故立土牛于丑位为最佳方位。

到宋代，四门都开，各出土牛，牛身饰彩，鼓乐相迎，由人装扮成主管草木生长的"句芒神"鞭打春牛。地方官行香主礼，一方面宣告包括农事在内的一年劳作开始，一方面祈祷当年的丰收。

皇宫中也举行"鞭春"的仪式，由皇帝主礼。京城的街市上多有泥制小春牛出卖，于是春牛不仅是迎春仪式上的主角，也成了新春之际的吉祥物。唐代诗人元稹《生春二十首》诗中说：

鞭牛县门外，
争土盖春蚕。

先"鞭"而后"争"，是古代送冬寒迎新春风俗的组成部分。鞭春牛又称鞭土牛，起源较早。《周礼·月令》中记载说：

出土牛以送寒气。

　　这一习俗被一直保留下来，但改在春天，唐、宋两代最兴盛，尤其是宋仁宗颁布《土牛经》后，鞭土牛风俗传播更广，以至成为民俗文化的重要内容。

　　至清代，据清康熙《济南府志·岁时》记载：

　　　　凡立春前一日，官府率士民，具春牛、芒神，迎春于东郊。作五辛盘，俗名春盘，饮春酒，簪春花。里人、行户扮为渔樵耕诸戏剧，结彩为春楼，而市衢小儿，着彩衣，戴鬼面，往来跳舞，亦古人乡傩之遗也。立春日，官吏各具彩仗，击土牛者三，谓之鞭春，以示劝农之意焉。为小春牛，遍送缙绅家，及门鸣鼓乐以献，谓之送春。

鞭春牛的意义，不限于送寒气，促春耕，也有一定的巫术意义。山东民间要把土牛打碎，人人争抢春牛土，谓之抢春，以抢得牛头为吉利。浙江境内迎春牛的特点是，迎春牛时，依次向春牛叩头，拜完，百姓一拥而上，将春牛弄碎，然后将抢得的春牛泥带回家撒在牛栏内。经过迎春的春牛土，撒在牛栏内可以促进牛的繁殖。

古人认为牛拥有"五行"中土属性和水属性的神力，是风调雨顺、国泰民安的象征。五行中讲水能生木，所以牛的耕作能促进农作物生长，又讲土能克水，所以古人们在治水之后，常设置铜牛、铁牛以镇水魔。在我国各地都有相应的实物证据。

比如闻名遐迩的黄河铁牛，也叫作开元铁牛、唐代铁牛，位于永济城西15千米，蒲州城西的黄河古道两岸，各4尊。8尊大铁牛各长3米多，最重的一头4.5万千克，一方面作为地锚拉住桥上铁索，另一方面，古人认为"牛象坤，坤为土，土胜水"，于是以牛镇水求安澜。

我国的古人还认为，

"牛年马年好耕田"，牛年通常风调雨顺。旧时的黄历，多印有十二生肖图，并标明几牛耕田、几龙治水之类的注解。

每年的第一个丑日在正月初几，就是几牛耕田；第一个辰日在正月初几，就是几龙治水。比如某一年正月初一是辰日，初十是丑日，即"一龙治水，十牛耕田"。

按民间说法，治水的龙越多，雨水越少，龙越少反而雨水充沛。牛却相反，本是勤奋和财富的象征，自然是多多益善。由此看来，这一年就是个好年头。

牛是人类最早驯化的动物之一，我国的山西、河南、四川等地，都出土过在5000年左右出现的水牛遗骸化石。据说，黄帝的臣子胲能驾牛，也有说少昊时人开始驾牛。黄帝、少昊都是远古传说时代的部族首领，彼时尚未进入青铜器时代，不可能有金属农具，因此用牛耕田还不可能。所谓驾牛，大概是驱牛负重或载人。

据记载，商部族的祖先王亥，曾赶着牛群到河北，与有易氏进行贸易，足见远古时代畜牧业之发达。江西新干出土的商代铧犁，将有证可查的牛耕历史，从春秋提高到商代，牛用以耕田至少是3000年前的事了。

殷商甲骨文中，已出现"犁"字，其形颇似牛引犁头启土，可见牛耕已较常见。

农业进入畜牧阶段，无疑是生产力的一次革命。牛耕至今尚未绝迹，在偏远山区间或负重引车，可见牛还没完全脱离农事。

《周礼·地官》记养牛的官职是"牛人"，"凡祭祀，供其享牛"。当时的牛，主要用来做运输以及祭祀、食用。所谓"牛夜鸣则庮"，如果牛夜里鸣，那是牛生病了，肉会有臭味。

牛在我国文化中是勤劳的象征。古代就有利用牛拉动耕犁以整地的应用，后来人们知道牛的力气巨大，开始有各种不同的应用，从农耕、交通甚至军事都广泛运用。

战国时代的齐国还使用火牛阵打败燕国，三国时代蜀伐魏的栈道运输也曾用到牛。

牛在农耕文化中所起的重大作用，推动了人类文明的发展。当然，在我国的传统文化中，牛的影响不仅限于农耕文明范围。远古时代葛天氏部族的音乐是"三人操牛尾，投足以歌八阕"，于是我国音乐史的第一章里，就写进了有关牛的段落。

我国古代伟大的思想家老子，骑着一头青牛出函谷关西行，为后人留下不朽的哲学名著《道德经》。可是，有谁能想到，老子著作最后的构思和定稿，是在牛背上完成的。那头青牛不仅在哲学史上留下痕迹，还随着神化了的老子沾了几分仙气，在神话传说中永存。

知识点滴

牛与人类的关系实在密切，因而频繁地出现在我国民间传说中。比如流传最广的是牛郎与织女的爱情故事。在晴朗的夜空，我们可以看到在明亮的银河两侧，牵牛星与织女星遥遥相对。在牵牛星和织女星的两旁，还有他们的一双儿女。

据说每年农历七月初七的这一天，只要躲在葡萄架下，就可以听到牛郎织女一家人在诉说离愁别恨。人们对牛郎织女抱以无限同情的同时，也深深怀念那成全了牛郎织女的爱情，并牺牲了自己生命的老牛。

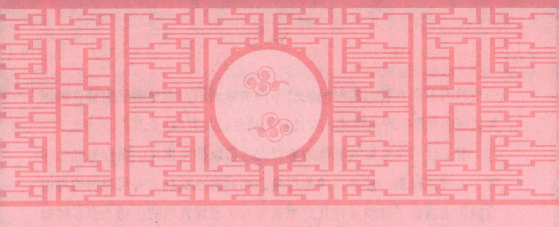

百兽之王的勇猛寅虎

传说中的西王母是半人半兽的形象,具有虎齿、豹尾、善啸的特征,可以猜测西王母是虎图腾与母系氏族社会部落女首领的合并。

西王母掌管人间的刑罚、瘟疫和灾难,俨然最高的司法女神。她主死也主生,手中有不死之药,美丽的嫦娥就是吃了她的药,飞升到月亮上,成了那里永久的居民。

西王母在漫长的神话发展史中,逐渐演化为面目慈祥的王母娘娘,与玉皇大帝一起君临整个宇宙,而成

为道教的最高女神。这时的她已不再主管刑杀，而是掌管生育、婚姻等，因而在民间香火很盛，女性对她更是礼拜有加。

西王母一直坚持的事业是掌管虎，借以伸张正义，噬食鬼魅。相传上古时，神荼、郁垒二神善捉鬼，然后将鬼喂虎。商代晚期的青铜器虎食人卣是一种酒器，其造型表现的正是虎食鬼的主题。虎有噬鬼镇邪的威力，所以古人在除夕时画虎于门，后来演变为门神画。

虎是义兽，于是有人召虎判案，有罪者虎噬，无罪者不顾。大约在西汉末年，弘农郡虎患严重，由于郡守理政为民，出现了政通人和的局面，据说虎群居然全体离境，以示对清官的支持。虎在这个故事里极富人情味。

清代小说家蒲松龄，在《聊斋志异》中讲的故事更动人：一老妪之子死于虎患，地方长官判虎为老人养老送终。此虎便每天送猎物奉养老人，老人死后，虎还到坟前嗥鸣致哀。

在我国，虎是传统文化的一个极其重要的组成部分，《周易·乾卦文》就有"云从龙，风从虎"的文辞。虎是远古先民的图腾之一，虎的声威和形象具有极强的震撼力，可以使人畏惧，也被人们加以利用，常作为权势的象征。因此，长期以来，虎被当作是力量和权力的象征，为人们所敬畏和膜拜。

虎是一种将华丽与凶猛集于一身的生灵。它被认为是世上所有兽类的大王，素有"百兽之王"之称，其威猛、雄壮、阳刚的气魄可见一斑。

虎威风凛凛，奔走如风，尤其是在仰天长啸时，百兽躲避。古人认为"风从虎"，虎一出场便狂风大作，这恐怕是因为虎给人留下了最惊心动魄的感觉。

古代将军多用虎皮挂在帐中或铺于座上，是为了借虎威以壮军威。将军所在营帐是"虎帐"，将军的威风是"虎威"，骁勇善战的将领称"虎将"，勇士、壮士称"虎贲"。

古代帝王用铜铸虎形兵符调动军队。虎符中分为二，两半铸有相同的铭文，右半留在君主手中，左半交给统兵将帅。需要调发军队时，君王遣使持虎符验合，以为凭证。

虎的威风不仅被人们借以壮大军威，还被人们用来丰富语言的表现力。"狐假虎威"这一成语来自一则寓言：狐狸宣称自己是百兽之王，并欺骗老虎说："你不信跟我走一趟，看看大家对我的态度就知道了。"老虎便跟着狐狸巡视山林，百兽看见老虎都吓得东躲西藏。老虎还以为是狐狸的王威，不知道是自己的威风被狐狸借用了。"狐假虎威"常用来讽刺借助别人威势做坏事的小人。

此外，人们常用"虎穴"、"虎口"形容危险的境地。大难不死谓之"虎口余生",冒险行动叫作"虎口探险","虎口拔牙"简直就是玩命。而施耐庵在《水浒传》中的武松空手打虎,则成就了千古英雄佳话。

虎的图案,在我国古代生肖钱币上较为常见。生肖文化是我国劳动人民智慧的结晶,铸有生肖图案或文字的生肖钱币,是生肖文化的重要组成部分。

历代铸造的生肖钱币上,生肖寅虎自然是不可或缺的主题图案之一。比如唐代铸造的生肖钱,它以十二生肖属相作为题材,其中就有虎的形象。

在我国民间,还有关于虎的习俗,农历五月初五是端午节,旧时有悬艾虎、吃粽子、赛龙舟的习俗。艾叶可驱虫、治病,以艾作虎形,有驱病镇邪的功能。有的地方还用雄黄,在小孩子额上画上"王"字,模仿虎头花纹,当然也是借虎驱邪的意思。天真烂漫的孩子们犹如一群小老虎满街乱窜,给节日增添了欢乐的气氛。

我国崇拜虎的民族很多，彝族为最。他们的十二生肖以虎为首，他们认为宇宙万物是由虎尸解而成的。创世纪史诗《梅葛》说虎头

做天头，虎尾做地尾，左眼做太阳，右眼做月亮，虎须做阳光，虎牙做星星，虎油成了云彩，虎肚成了大海，虎肠成了江河，排骨成了道路。古籍说，云南蛮人呼虎为"罗罗"，老则化为虎。彝族人就自称"罗罗"，并相信自己老时化虎。如果人真能转生为其他动物，应该说，彝族人的选择是最壮丽的一种。

知识点滴

在中华民族几千年的繁衍生息中，布老虎就是一种古代就已广为流传的儿童玩具，是俗雅共赏的民间手工艺品。

在陕西，布老虎是一种吉祥物。小孩满月，外婆或送一只泥老虎，或送用黄布做成的布老虎以示祝贺，意思是祝愿小孩长大后，像老虎一样健康活泼，富于生命力。

在山西，小孩生日，舅家要送一只或一对布老虎，既当枕头，又当玩具，以示祝福。至于给小孩戴虎帽、兜虎围嘴儿、穿虎鞋、枕虎枕则是全国性的习俗。这些玩具和吉祥物，大都具有憨态可掬的童趣，件件都是精美的民间工艺品。

内涵丰富的谨慎卯兔

在繁星闪烁的夜空中，最引人注目的当然是那轮明月。它与太阳交替出现，将24小时划分为夜与昼。日月运行轨迹季节性的变化，月亮从盈到亏、再从亏到盈的轮回，导致了古人农耕文化和天文历算的发展。

太阳的黑子与月亮的阴影，使古人产生许多联想。他们认为太阳是一只三足的金色乌鸦，而月亮里有一只总在捣制长生不老药的玉兔。

西晋哲学家、文学家傅玄，

在《拟天问》中发问：

月中何有？玉兔捣药。

从此，后世常把月亮称为玉兔、兔轮、兔魂，正像金乌鸦是太阳的化身一样，兔子也成了月亮的代表。

兔子是温顺安详的小动物，所以以十二生肖文化纪年的国家和地区的人们认为，兔年应该是个平和吉祥的年份。而兔年出生的人的性格是最好的性格。属兔的人往往特别温和，文静，谦谦有礼；潇洒，机敏，精细耐心；善良，纯朴，富有责任感。

"兔"与十二地支中的"卯"对应，汉代思想家王充《论衡》说："卯，兔也。"二者组成生肖"卯兔"。

"卯"的本字描画的是草木出土萌芽的形象。在十二时辰中，"卯"时是指早晨的5时至7时。因此，"卯"表示春意，代表黎明，充满着无限生机。

又因为卯居东，与酉相对东方是日，月初升之方位，故称卯为门。"卯"的字形就像门的形状，所以人们喜欢在卯时开张大吉。

兔子性情温和，惹人怜爱，因而也就难以神化，所以有关兔子神话不太多。古人对于时间流逝的概念，就是从每天的"兔走乌飞"中

得到的。

我国在很早以前就开始养兔，最早可上溯到3000年前的商周时期。殷墟妇好墓出土有玉雕兔，这两只玉雕兔毛色略呈褐黄，圆睁双目，长耳后抿，短尾上耸，躬腰曲体，仿佛正在向前跳跃，造型生动传神，工艺水平极高。而我国有关兔子的文化习俗内涵也十分丰富。

在我国，关于兔的最早记载出现在《诗经》中，在《小雅·瓠叶》中就有"有兔斯首，炮之燔之"、"有兔斯首，燔之炙之"的烹兔之法。

在古代，兔子一直被认为是瑞兽，而白兔十分罕见，各地发现白兔之后，多要载歌载舞献给朝廷，显示君主贤明、海内大治。

据记载，汉代在建平、元和、永康年间，边疆少数民族曾经3次向朝廷献白兔。在《后汉书·光武帝纪》中说："日南徼外蛮夷献白雉白兔。"唐代蒋防《白兔赋》有"皎如霜辉，温如玉粹。其容炳真，其性怀仁"的说法。宋代欧阳修的《白兔》也说："天冥冥，雨蒙蒙，白兔捣药嫦娥宫。"

在古代，兔子被当作皓月祥瑞之兆，广受赞誉和尊崇，中秋明月，普照九州，不管是皇帝的琼宫，还是穷人的茅屋，一视同仁。

古人认为，中秋无月兔不孕、蚌不胎、荞麦不实，中秋有月，是岁多珠。

中秋夜祭月是一个重要日程，然而很久以前就有"男不拜月，女不祭灶"的规矩，这是因为月亮以及月中玉兔对女性具有特殊意义。女人拜月，未婚的祈求月神赐予一段佳偶，已婚的则向玉兔祈求多子之福。

旧时传说，八月十五是月亮娘娘的生日，月亮娘娘主人间婚姻，未婚男女常常在月下海誓山盟。姑娘们拜月，是对未来幸福的憧憬。

玉兔作为月神，兼有生殖神的功能。兔子是繁殖能力极强的哺乳类动物，所以崇尚"多子多福"的人们就认定兔神掌管生殖。

江浙一带有"走月亮"的风俗，中秋前后的夜晚，妇女皆盛妆出游，笙歌彻夜。走月亮时，有"走三桥"的内容，桥连接两岸，象征婴儿由彼岸到此岸，越过阴阳界的降生过程。

拜月时少不得要拜兔神，据《帝京景物略》所说，明代中秋时节祭月，除必需祭果饼外，还要到纸店买月光纸，这里所说的"月光纸"，就是纸神马，即"月光马儿"。

月光马儿上部绘太阴星君，下部绘月宫桂殿及捣药的"兔儿爷"，彩画贴金，辉煌耀目。请回家后于月出方位祭拜，祭毕焚之。清代的京城里常有人团黄土做兔形，涂以各种油彩出售，这便是后来风行北方的"兔儿爷"的前身。

关于兔儿爷，《燕京岁时记》也有记载。旧时北京东四牌楼一带，常有兔儿爷摊子，专售

中秋祭月用的兔儿爷。此外，南纸店、香烛店也有出售的。

这兔儿爷经过民间艺人的大胆创造，已经人格化了。它兔首人身，手持玉杵。后来有人仿照戏曲人物，把兔儿爷雕造成金盔金甲的武士，有的骑着狮、象等猛兽，有的骑着孔雀、仙鹤等飞禽。最常见的是兔儿爷骑虎。

此外，还有看杂耍的、看庙会的、烧香拜佛的、娶媳妇的、出殡的、办满月的，多至百十余种，各有神态。

兔子其状可爱，其性温顺，绝无凶险之气，故常被视为吉祥之物。人们甚至还在兔子的故事中留下了许多哲理，如我国古代寓言《守株待兔》，告诫人们不要希图侥幸；成语"狡兔三窟"，教人凡事要多做几手准备。

总之，小小兔子承载了众多的文化内涵，给兔年增添了不少乐趣和说不尽的话题。

知识点滴

兔子常被画家当作表现的题材。明代画家张路在《苍鹰逐兔图》中画了一只苍鹰正俯视野兔，准备捕捉。野兔意识到危机，眼神透露出急切和紧张，不顾一切地奔跑，有力的后腿和弓形的背部显示出紧张和速度。这幅画把逃避危机的野兔刻画得栩栩如生，将动态表现得惟妙惟肖。背景中的芦苇随风飘动，既渲染烘托紧张气氛，又丰富了画面的层次感。

同时期的另一位画家周之冕的《松梅芝兔图》中的野兔极为可爱，少了些野性，多了几分宠物的乖巧。

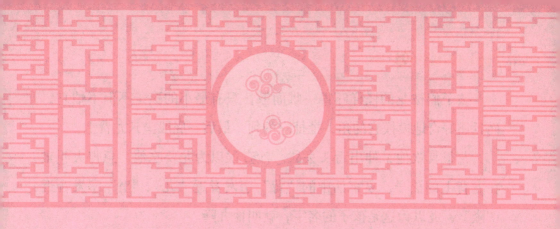

浑身充满祥瑞的辰龙

相传很久以前，在滇南的哀牢山下住着一个名叫沙壹的少女。一次到河边洗衣服，看见一条鱼游来游去，她一时玩心大起，就淌进河水去抓它，不小心被河上游漂下来的一根木头撞了一下，回去后不久就怀孕了，后来一胎生下10个儿子。

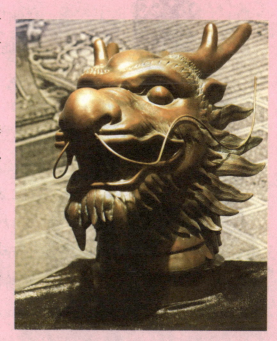

孩子们在妈妈沙壹的抚养下，渐渐长大了。这天，沙壹带孩子们到河边戏水，忽见一条龙跳出水面，问她："你为我生的孩子就是他们吗？"沙壹点点头，叫孩子们过来，见见父亲。

孩子们被龙的怪样吓得一哄而散，只有最小的孩子不但不怕它，而且还好奇地摸摸它的角，扯扯它的须，最后一屁股坐到龙背上。

龙很喜欢他，伸出舌头去舔。沙壹误以为龙要吃他，急得大叫坐在龙背上的孩子。哀牢话中的"背"字发音近"九"，"坐"字发音近"隆"，龙以为这是孩子的名字，就叫他九隆。

后来，九隆十兄弟娶了后山的十姐妹为妻，繁衍生息，自成一族。于是，族人共推九隆做了族长。

因为龙在古代人的心目中，代表着一种权威或势力，所以先民们希望成为其子孙，因而产生了这个美丽神奇的传说。

在十二地支中，十二种代表动物，只有龙是虚构的。自古以来，我国把龙、凤凰、麒麟、乌龟称为"四灵"，认为是最吉祥的动物。

龙具有马一样的面孔，蛇一样的身躯，背上并有81片鳞片，四肢则像鹰爪。既能在空中飞舞，又能潜水，神出鬼没，变幻莫测。而鳞片"81"这个数目，合"九九八十一"之数，具有吉祥的寓意。

龙在十二地支中代表辰，排在十二地支第五位，方位是南东方。若以时间来计算，是一天中早晨7时至9时。此时正是太阳增加光辉的阶段，仿佛万物清醒前的混沌状态。若以季节而论，辰代表四月。

通常人们认为，龙年出生的人，因有神龙般神秘变幻莫测的特质，所以个性令人难以捉摸，属于富有野心的梦幻家。喜欢冒险、追求浪漫的生活，同时性情淡泊、不拘泥于世俗之见，自然而然给人一种大人物的风范。

龙在我国是一种象征性的动物，有祥瑞的意义。人们将其视为吉祥与瑞兽、吉神。龙的各部位也都有特定的寓意：突起的前额表示聪明智慧，鹿角表示社稷和长寿，牛耳寓意名列魁首，虎眼表现威严，魔爪表现勇猛，剑眉象征英武，狮鼻象征宝贵，金鱼尾象征灵活，马齿象征勤劳和善良等。

在寺庙的建筑中，我们都可看到龙柱。其他如龙床、龙袍、龙船、龙门、龙颜、龙种、真龙天子等称呼，都与吉兆有关。在风水学

上，有龙脉、龙穴、青龙、苍龙等说法。

龙分多种，龙虽可腾云驾雾，也能兴风作浪，其穴主要在江河湖海。《易经·乾卦》有以龙代表六爻之位，如潜龙、现龙、惕龙、跃龙、飞龙、亢龙六种龙，表示六个阶段的地位、境界。

相传龙也是远古华夏氏部落的图腾。龙的体躯似蛇，再加上兽类的四脚、马的毛、鬣尾、鹿角、鹰爪、鱼的鳞和虾须、眼。"辰"字为象形字，形若蜷曲状之肉虫。如一曲三折之龙形，即虫之放大。

龙虽为祥瑞之物，毕竟它是神化、象征性的瑞兽，其神力无所不在，天空里的飞龙、海洋里的蛟龙、陆上的行龙，都是威力无比，代表生气勃勃，精力充沛。

在我国的民俗节日中，有不少与龙相关者。这些节日的活动丰富多彩，富有浓郁的民族特色，散发着清新的乡土气息。

农历正月十五日汉族的元宵节，又称上元节。正月十五元宵本与龙无关，但是灯节必要舞龙灯。宋代吴自牧在《梦粱录》中，有关于南宋龙灯的记述：

元宵之夜……草缚成龙，用青幕遮草上，密置灯烛万盏，望之蜿蜿如双龙之状。

吴自牧所说的是静止观赏的龙灯。南宋龙灯亦有由人舞弄者，南宋大词人辛弃疾即有"凤箫声动，玉壶光转，一夜鱼龙舞"的诗句。明清两代，舞龙灯之风更盛。舞龙灯的前身是汉代的鱼龙漫衍之戏。

端午节的一系列活动，如洒香汤，香汤以艾叶、菖蒲煮水沐浴；悬艾老虎素，就是用彩绸缝扎成粽子、辣椒、扫帚、布老虎等串以彩线挂于胸前；饮雄黄酒、挂钟馗像等，都以辟邪除祟为主旨。至于龙舟竞渡，当是祭神娱神祈获保佑的一种形式。

在我国的少数民族中，也有许多与龙有关的节日，不同民族节日的时间、内容与活动亦不尽相同。主要分布于我国中南地区的壮族、瑶族和西南地区的哈尼族，均有祭龙节。

壮族的祭龙节在农历二月间。祭时，由村中两户或数户人家轮流负担祭祀用的鸡、猪等祭品。壮族人认为，每年杀猪祭龙，可保人畜平安。祭祀之日，外寨人骑马或戴斗笠者，均不得通过寨心。

云南的普米族有龙潭祭节，兰坪普米特的龙潭祭节在农历正月、二月，宁蒗普米族则在农历三月、七月。

普米族人各家均有自己的龙潭，大都在深山密林或山涧峡谷中。祭龙潭节时，全家同往自己的龙潭歇宿三日，用木棍、木板搭成高台称龙塔，龙塔前树百尺标杆，上挂7个用鸡毛麻线拴成的七角斗架，为龙神住处。

然后以酒、牛奶、酥油、乳饼、茶叶、鸡蛋等食物，祭于龙塔之上。请巫师登坛祭祀，求龙神保佑人畜兴旺、五谷丰登。祷毕，将涂有酥油的五十个面偶投入龙潭。

云南河口大瑶山瑶族有龙公、龙母上天节。龙公上天节为农历八月二十日，龙母上天节为农历七月二十日。是日，当地瑶族百姓祭龙之后，还要举行龙公、龙母的升天仪式。

我国民族众多，与龙有关的节日不胜枚举，虽各具特色，但其本质含义却是一致的，即以龙为兴云布雨、掌管福祸之神，表达了人们希求风调雨顺、五谷丰登的美好愿望。

知识点滴

我国的龙，具有图腾的基本特征，它是各民族共同崇奉的图腾神。在《说文解字》中解："龙，鳞虫之长，能幽能明，能大能小，能长能短，春分而登天，秋分而入渊。"传说炎帝、黄帝、尧、舜和汉高祖刘邦的诞生及其形貌，都与龙有关，是龙种、龙子。古越人也以为自己是龙种，故断发文身，以像龙子。

我们常说"龙的传人"或"龙的子孙"，这些都是祖先图腾观念的影响。至于龙图腾神观念，更为普遍，大多数民族都曾把龙视为自己的保护神。

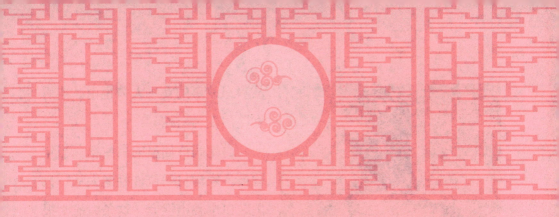

代表兴旺与神秘的巳蛇

  相传在很久很久以前，在河南鹤壁的黑山之麓、淇河之滨，有一个小村落，叫作许家沟村。许家沟所依的黑山，又名金山、墨山，古为冀州之地，是太行山的余脉之一。这里峰峦叠嶂，淇水环流，林木茂盛，鸟语花香，环境清幽，亚赛桃源。

  早在魏晋时期，文学家左思就在《魏都赋》里记载了"连眉配犊子"的爱情传说，说犊子牵着黄牛，时常在黑山中游戏玩耍，时老时少，时靓时丑。后与连眉女结合，一同离开，人们不能追上。后来这一典故衍化为"白蛇闹许仙"

故事，故事的女主人公也由"连眉女"演变为白蛇。

白蛇闹许仙里的白蛇精，当年曾被许家沟村一位许姓老人从一只黑鹰口中救出性命。这条白蛇为报答许家的救命之恩，嫁给了许家的后人牧童许仙。

婚后，白娘子经常用草药为村民治病，使得附近金山寺的香火变得冷落起来，也使黑鹰转世的金山寺长老法海和尚大为恼火，决心破坏许仙的婚姻，置白娘子于死地。于是引出了人们熟悉的"盗仙草""水漫金山寺"等情节。

白娘子因为水漫金山而触动胎气，早产生下儿子许仕麟，法海趁机用金钵罩住分娩不久的白娘子，将其镇压于南山雷峰塔下。

经过此事，许仙心灰意冷，便在"雷峰塔"下出家修行，护塔侍子。18年后，许仕麟高中状元，回乡祭祖拜塔，才救出母亲白娘子，一家团圆。

在我国苗族中，还有蛇郎和阿宜的故事。这些故事，不仅反映了人类和蛇的密切关系，而且通过这些故事，可以看到蛇图腾崇拜对后世之人的深刻影响。

蛇在十二地支中属巳，位于第六位。"巳"具有自己奋斗的意思。蛇与龙的形象相似，又称小龙。

巳时指9时至11时，取其中间数10时，正跟孕育月份一致。用蛇来表示神秘蜷伏，孕育着美好希望。

巳的方位是南南东，若以四季来看，正是新绿艳丽的初夏五月。此时，水田中的秧苗等待着六月的到来好插秧，也是万物正欣欣向荣的时刻。

在十二地支中，马和蛇均属于"火"的性格。马为阳火，蛇为阴火。在冬季里暖炉中的火光和火炉中的炭火，都给人一种温馨舒适的感觉。

蛇的阴火性格，正具有光芒和温暖的含义。影射了蛇年出生的人都是精力旺盛的人。

其实，在我国的远古时代，蛇是古老的图腾崇拜物之一。在马家窑文化的彩陶上，发现有蛙、鸟的图像；在仰韶文化的陶器上还有蛇

的图像；从半坡村出土的陶器上，也看到有人头、鸟兽的图像，这些图像有些可能就是当时的氏族图腾。有趣的是，传说中的汉族祖先，亦有不少是蛇的化身。

据《列子》中记载，疱牺氏、女娲氏、神龙氏、夏后氏，均是蛇身人面，牛首虎鼻。在《山海经》里，还有"共工氏蛇身朱发"之说。在伏羲部落中有飞龙氏、潜龙氏、居龙氏、降龙氏、土龙氏、水龙氏、赤龙氏、青龙氏、白龙氏、黑龙氏、黄龙氏11个氏族，它们可能是以各种蛇为其图腾的氏族。

我国传说中的龙，恐怕就是蛇的神化，如古代居住于东方的夷族，他们一个著名酋长叫作太皞。据说他是人头蛇身，又说是龙身。

福建省简称为"闽"，"闽"字形则为门内供奉一条蛇，也是反映当地的崇蛇之风，是图腾崇拜的一种体现。

在福建省南平市闽江上游，有一座千年古镇樟湖，商周时就有居民生活，历史悠久，并有深厚的文化底蕴。东汉许慎在《说文解字》中说："闽，东南越，蛇种。"说明早在秦汉时期，生活在福建的闽越人都以蛇为图腾加以崇拜。

相传此地多有水患，一道士为解一方百姓之难，化身为蛇向王母娘娘求救，以后方圆上百里的百姓始得安居乐业。由此，蛇在该地成为古代人崇拜的图腾，从古到今一直备受推崇。

在樟湖，至今还保留着古朴的民间文化活动祭蛇。樟湖人崇蛇，是闽越人崇蛇文化绵延至今的遗风。该镇现在每年的农历七月初七，举行赛蛇神活动。

樟湖人以蛇作为他们崇拜的图腾，他们不打蛇，忌食蛇肉，遇到蛇时还主动为其让路。

初七前夕，村民们将捕到的活蛇，存放在蛇王庙里的小口瓷罐或木桶中，养到初七这天，人们将大蛇装在香亭里，结彩挂花，众人持小蛇相随，场面甚为壮观。以此祈求风调雨顺、五谷丰登。游蛇结束，人们便将蛇放归自然。

北方的崇蛇习俗不及南方之盛，原因是北方人与蛇接触的机会远

少于南方人，蛇在人们的生活中位置不那么重要。不过，同南方一样，北方不少地区也将蛇看作财神或财富的象征。

山西忻州、五台等地，以枣馍馍祭神，枣糕上要用面塑一圈小蛇。当地民众把蛇视为财神，枣糕上塑小蛇有招财进宝之意。

山东有些地方，春节祭祀神灵和祖先的供桌上，要摆上面塑的圣虫，有的圣虫礼馍重达十多斤，圣虫虎头圆形，身体成盘蛇状。有的地方还将圣虫做成刺猬和蛇的形状，口含铜钱或红枣，大的供在财神、灶神的祭案上，小的放在米缸、面缸、粮囤、钱柜和衣橱里，以祈求财物增多，取之不尽。

有些农村地区在农历二月二要贴龙、蛇剪纸。也有的地方用灰撒成龙蛇状。清代咸丰年间的《武定府志》中说，二月二这天，民俗取灶灰围屋如龙蛇状，名曰"引钱龙"，是为招福祥到家，表现了人们祈求富裕吉祥的心理。

知识点滴

蛇是我国古越人的重要图腾之一，后来演化为神。清吴震方《岭南杂记》说："潮州有蛇神，其像冠冕南面，尊曰游天大帝，龛中皆蛇也。欲见之，庙祝必辞而后出，盘旋鼎俎间，或倒悬梁椽上，或以竹竿承之，蜿蜒纤结，不怖人变不螫人，长三尺许，苍翠可爱……凡祀神者，蛇常游其家"

江苏宜兴人将蛇分为家蛇和野蛇，分别称之为"里蛮"和"外蛮"。所谓家蛇，指生活于住宅内的一种蛇，常盘绕于梁、檐、墙缝、瓦楞、阁楼的一种无毒蛇，共约三尺许。人们认为家蛇会保护人，家有了家蛇，米囤里的米就会自行满出来而取不空。

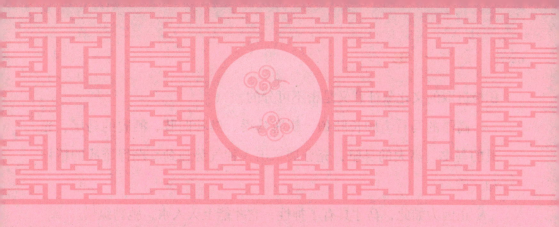

象征精神力量的午马

传说中的龙马是龙头马身的神兽，它身居黄河，驮图出河，献给伏羲，伏羲凭此而演绎八卦。

无论是虚拟的天马、龙马，还是现实的骏马，它们都象征着中华民族自强不息、奋发进取的民族精神。

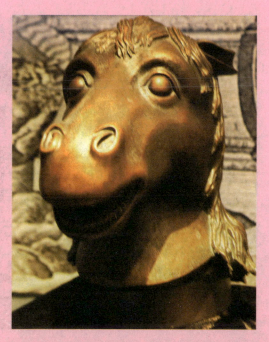

龙马是黄河的精魂，是黄河文明的产物，是华夏民族始终坚守的主体精神的化身，人们将之概括为"龙马精神"。

马在十二生肖中位居"六畜"之首，在中华民族传统文化中占据极高的地位，这与它积极进取的文化象征意义是密不可分的。

高昂的马首、颀长脖颈、飘逸马鬃、健壮四肢、洒脱的马尾、光滑的马皮、高大的身躯，充分展示出一种气势强劲、剽悍雄武的精神和气质。

正因为如此，马才具有了神性，它才能上天入水，驰骋纵横。

马在十二地支中代表午，排在十二地支的第七位。方位正南方。若以一天的时辰来看，午是代表正午11时至13时，此时正是太阳光最强的时候。若以季节而言，午代表六月，正是农人忙着耕种的月份。一切都显得充满活力。

马是具有与太阳荣光共处一处的幸运动物，因此马年出生的人，也具有比常人倔强一倍的崇高精神。

马是精神力量的象征，也是温驯忠诚的形象。考古资料证明，四五千年以前的龙山文化时期，野生的马已被驯养。它们一方面不失

其勇武豪迈之气，另一方面又增添了通晓人性之情。自此以后，马成为与人类生死相依的亲密伙伴。

性情温驯的马善解人意，甘为人类负重驾辕、效力沙场，成为古代主要的交通运输工具。如春秋时期，齐桓公之贤臣管仲，利用"老马识途"的特点走出困境。后人以此比喻经验丰富的人熟悉情况，能找到解决问题的正确途径。

战国中期，赵武灵王进行军队改革，提倡"胡服骑射"，以一人一骑为单位，较之战车作战，灵活自如，为军队快速取胜铺平道路。

马任劳任怨、赤胆忠诚之举，常常受到人们的褒扬。在古代文献中，不乏记载着人和马之间所建立的深厚情意的感人故事。

《三国志》有赤兔马，它原是吕布的坐骑，毛色赤红，神骏威武，时人咏叹："人中有吕布，马中有赤兔。"后被曹操所得，赠与关羽。从此，赤兔马伴随关羽南征北战，战功显赫。关羽被害后，赤兔马也抑郁而死。

刘备坐骑的马，也是一匹善解人意、挽救主人的宝马良驹。《三国演义》中描写了一个惊心动魄的马跃檀溪的故事。

在《史记·项羽本纪》中，记载楚霸王项羽的坐骑为乌骓马。当他兵败垓下，大势已去时，不禁慷慨长叹。所以，即使虞姬自刎而别，项羽也不忍让乌骓马与自己同归于尽。当他逃至乌江，穷途末路

之际，便将爱马托付给亭长，无奈地说："我骑此马已经五年了，所当无敌，此马曾经一日行千里，我不忍杀之，就赐给你吧。"

这些可歌可泣的人不愿舍马、马不忍离人的故事，在历史上比比皆是。这种情结在古乐府诗《爱妾换马》，以及梁简文帝萧纲、刘孝威、庾肩吾和唐代张祜等作品中，皆有所表现。

在少数民族文化中，也流传着许多人与马之间感人至深的故事。如蒙古族马头琴传说，满族民间故事《花莫利》。故事说的是一匹名为花莫利的骏马，为人们建立战功的动人事迹。即使是性能低下的马，也能凭借着锲而不舍的执着精神，为人立下汗马功劳。

在我国古代，马还是能力、圣贤、人才、有作为的象征。古人常常以"千里马"来比拟。千里马是日行千里的优秀骏马。

相传周穆王有八匹骏马，常常驼着他巡游天下。八骏的名称：一个叫"绝地"，足不践土，脚不落地，可以腾空而飞；一个叫"翻羽"，可以跑得比飞鸟还快；一个叫"奔菁"，夜行万里；一个叫"超影"，可以追着太阳飞奔；一个叫"逾辉"，马毛的色彩灿烂无比，光芒四射；一个叫"超光"，一个马身十个影子；一个叫"腾雾"，驾着云雾而飞奔；一个叫"挟翼"，身上长有翅膀，像大鹏一样展翅翱翔九万里。

　　有的古书把八骏想象为八种毛色各异，分别有很好听的名字：赤骥、盗骊、白义、逾轮、山子、渠黄、骅骝、绿耳。其实，骏马的神奇传说都是在形容贤良的人才，切莫真的相信神话。周穆王的八骏，其实比喻着他的人才集团，才华卓越，本领非凡，各自用特殊的能力，在共同辅助周天子的天下大业。

　　在我国，有很多有关马的习俗。在山东章丘龙山镇城子崖发现，自父系氏族公社时起，人们就开始驯化马。许多古籍中有"相土作乘马"的记载，作乘马就是用四匹马驾车，作为运载的工具。

　　我国自古就有祭马的民间风俗。春祭马祖，夏祭先牧，秋祭马社，冬祭马步。马祖是天驷，是马在天上的星宿；先牧是开始教人牧马的神灵；马社是马厩中的土地神；马步为马灾害的神灵。

　　汉族民间信仰马王爷，农家于农历六月二十三日祭祀，祭品为全羊一只。

在湖北，传说新娘出嫁时，本家历代亡灵都会跟从前往，途中可能会撞着各种煞神附身，会给男家带来不利。所以，在迎亲的这一天，男方会请方士一人，在门外设一香案祭告天地和车马神，并杀鸡以驱鬼。祭毕，抓米撒在新娘的彩轿上，表示打掉煞神。

在东北地区，有汉、满族踏马杌的婚俗，新娘下车后，足踏马杌，脚不沾地，以避邪祟之扰。

贵州苗族有背马刀提亲的婚俗。青年男女相爱，经男女双方家中议婚三次之后，就要背马刀前往正式提亲。

这些不同民族关于马的民俗，都体现了人们对马的重视与爱戴。

知识点滴

我国有着丰富多彩的马文化，在画马方面，历代人才辈出。由历代画马的艺术，就可以知道马的价值与当时国力的强盛兴衰。

如唐代国富兵强，唐人画马因此有华贵和优美的倾向。宋代重文轻武，宋人画马不重彪悍，也避去华丽，南宋末年的龚开画的瘦马，乃借马比喻亡国之遭遇，都与文人的画潮有关。清代郎世宁《百骏图》中的马散游在草原里，姿态神情各不同，或坐、或立、或卧，远近繁简，各尽其宜。

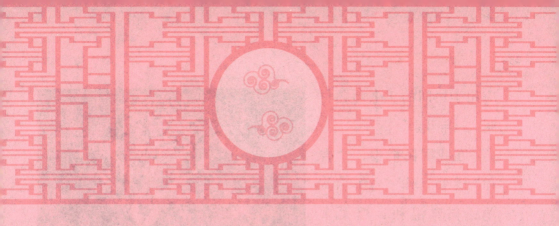

代表吉祥与和谐的未羊

羊是一种温驯的动物，喜欢成群，故亦是团结的动物。羊的可爱，在于它的形象温顺，求乳必跪，旧时就有被比喻为孝道的说法，因而寓意丰富。

羊在十二地支属未，甲骨文的"羊"字，明显地勾勒出羊角、羊嘴，尤其是上半部的一对美丽羊角。古字"羊"通"祥"，羊也是吉祥的象征。

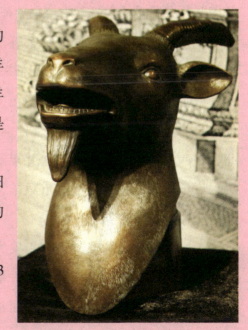

阳与羊同音，人们常说"三阳开泰"的吉祥话，《易经》中的《泰卦》，上卦为地，下卦为天，天地能通气，故曰"泰"，乾为3个阳，坤为3个阴，乃三阳开泰，

应用于民间的年书画题材叫"三羊开泰"。

在我国民俗中，"吉祥"多被写作"吉羊"。羊，儒雅温和，温柔多情，自古便为与我国先民朝夕相处的伙伴，深受人们的喜爱。

明清时期，民间传说曾把青阳、红阳、白阳，分别代表过去、现在和将来。民间喜用的三阳开泰是一种吉祥语，它表示大地回春，万象更新的意义；也是兴旺发达，诸事顺遂的称颂。图案以三只羊，谐音"阳"，在温暖的阳光下吃草来象征。

"三羊开泰"是吉语，那么五羊呢？在我国南方就有一座城市，得五羊之吉。相传，羊是给广州带来吉祥的五谷之神。

据明末清初著名学者屈大均在《广州新语》中记，古时南海有五仙人，各穿不同颜色的衣服，分别骑着不同颜色的羊，他们来到广州，将六出的谷穗赠给人们，并祝愿永无饥荒。随后，五仙人腾空而去，五羊化为石。五个仙人五只羊，带来五谷丰登的祝福。广州称羊城，简称穗，均源于五羊传说。

祝福五谷丰登的羊，还被想象为雨工，即随龙布云播雨的神物。这见于唐代传奇小说《柳毅传》。小说涉笔成趣地讲到雨工，说龙女牧羊，所牧并非凡羊，而是随龙司水的精灵。这样的想象以龙主雨水为逻辑起点，倒也显得顺理成章。

羊是六畜中，性情最为温良随和的动物。因此，自古以来，羊始终被视为美好吉祥、和谐神异的生灵，受到人们的喜爱。

牛羊为辽阔美丽的大草原增添了活力和生机。北朝民歌《敕勒歌》中写道：

敕勒川，阴山下，天似穹庐，笼盖四野。天苍苍，野茫茫，风吹草低见牛羊。

这些描写和叙述，展现了人与天地自然和谐相处的美妙图景。而在这个和谐共生的状态中，羊是不可或缺的重要因素。

羊是和谐的象征，也是美的象征。"美"字本义与羊有关，但具体的造字根据为何，共有3种说法。

一是羊大则味美，从中抽象出美义。羊在"六畜"中主膳，美与善同意。

"羊大则美"。这是由味觉感受引申出来的美的观念。在漫长的狩猎、畜牧和农耕时期，人们认为饮食对象肥大，就可以满足更多人的物质需求。所以，美是一个由物质的满足，到审美意识形成的质的飞跃。羊既然"主膳"，能够满足人们的口腹之欲，也就自然而然地成为"美"的来源。

二是羊人为美。戴角是许多原始民族的习俗，起初先民们在狩猎时伪装戴角，以诱惑野兽而猎取之，其后逐渐演变为一般的流行装饰。但有的氏族在庆祝节日跳舞时，才戴上双角冠以为盛装；有的氏族的酋长或贵族妇女们以戴角为尊荣；有的氏族的巫师在作法礼神时，才戴上双角冠以示恭敬；有的氏族对于所崇拜的神祇塑造为形象时，也饰以戴角以示尊严。

还有一种图腾说，对"美"字结构的分析结果与此说相同。持此见解的人认为，甲骨文中"美"字的几种写法，都是头戴羊角图腾的人的形象。远古先民对羊的崇拜，使羊成为本氏族的图腾。如汉字中的"羌"，本指中国西北部一支古老的原始部落。后来，羌人的羊图腾文化融入到华夏的龙文化之中。

"羊人说"与"图腾说"，都反映了羊与人的紧密关系。

三是美的观念产生于古人对女性的生殖崇拜。有学者认为，古人以羊象征女性，而对女性的生殖崇拜使先民产生了美的概念，大量岩画就可以证明。

以上3种解说，各自从羊和人的不同层面的关系来解释美，分物质的美和精神的美两方面。这与人类社会的发展步调相一致，物质需求的满足可以使人产生美的意识。同样，精神的愉悦和满足也能使人产生美感，而且是更高层次的美

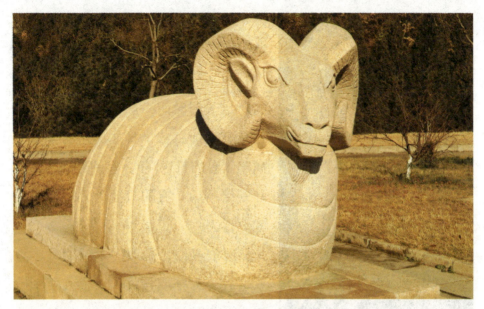

的体验。可见，羊与美的观念有着一定的源流关系。

羊温良和善知礼，它虽然头上长角，但从不乱用动武，与好仁爱之人相似；被抓被杀之时，从不哀鸣挣扎，与英勇就义的人相似；吃母乳时，一定跪着吸吮，与知礼者相似。羊温和随从、善良安分的秉性，在十二生肖中最为突出。

唐代诗人杜甫在《杜鹃》一诗中，赞美了羊的知礼：

鸿雁与羔羊，有礼在古前。
行飞与跪乳，识序如知恩。

在我国还有很多有关羊的习俗。伏羊节，原本是徐州当地的一种民俗。每逢暑期到来，百姓都会吃羊肉、喝羊汤，以此强身健体，滋阴补气。因此，民间有"彭城伏羊一碗汤，不用神医开药方"之说。

河南省汤阴县及周边安阳、林州等县市，自古就有送羊习俗。

所谓"送羊"，就是指外公、外婆或舅舅蒸面羊送给外孙或外甥。一份羊，包括3只面羊、8个馍和几个小耍物。送羊的时间一般是在农历的六月二十日之前，二十日之后送的羊称为瘸羊。有的只送3年，有的送到外孙或外甥结婚后，有的只要外孙或外甥在就一直送。

送羊习俗，是取"羊羔跪乳"之意，教育外孙或外甥长大成人要孝敬双亲。如外祖父母已故，由舅父、妗子送羊，民间有"妗不倒，羊不了"之说。

知识点滴

春秋时期，晋国宰相狐偃居功自傲，气死了亲家赵衰。赵衰之子，即狐偃之婿，想在六月就除掉狐偃。其妻知道后，不忍杀害父亲，偷偷回娘家告知狐偃。因狐偃在放粮中，目睹自己的过失给老百姓造成的灾难，于是幡然醒悟，决心向女婿认错。此后，每年逢六月六都请女儿女婿回家，蒸新麦面馍，熬羊肉汤热情款待，相互加深感情。

这一做法在民间广为效仿，成了消仇解怨、和谐共处的习俗。还有一句话："六月六接姑姑，女婿外孙一大屋。"也说明了这种亲情相融的场面。

机智而又灵巧的申猴

战国时期，宋国有一个养猴子的老人，他在家中的院子里养了许多猴子。日子一久，这个老人和猴子竟然能沟通讲话了。

老人每天早晚都分别给每只猴子4颗栗子。几年之后，老人的经济越来越不充裕了，而猴子的数目却越来越多，所以他就想把每天的栗子由8颗改为7颗，于是他就和猴子们商量说："从今天开始，我每天早上给你们3颗栗子，晚上还是照常给你们4颗栗子，不知道你们同不同意？"

猴子们一听，都认为早上怎么少了一个？于是一个个就开始吱吱大叫，而且还到处跳来跳去，好像非常不愿意似的。

老人一看到这个情形，连忙改口说："那么我早上给你们4颗，晚上再给你们3颗，这样该可以了吧？"

猴子们听了，以为早上的栗子已经由3个变成4个，跟以前一样，就高兴地在地上翻滚起来。

正是因为猴子的好奇心特别重，这是它的优点，也是它的缺点，所以人们常利用这个弱点来设计猴子。自古以来，人、猴之间，不知道发生了多少轶事。

在十二生肖中，最有灵性的动物非猴莫属。猴在地支中属申，五行属金。孙悟空神通广大，称金猴，正缘于此。猴子好动，总是左顾右盼不安静，自古猴子就被视为聪明伶俐的动物。

孙悟空就是我国传统文化中的一个亮点，汇聚了猴的典型品性和丰富的象征意义，其声名长盛不衰，体现出人们对猴注入了美好的理想和情感。

猴体态轻便，动作敏捷，攀援自如，通达人性，是机智灵巧的象征。"猱升猿引"，就是形容猴在攀登时灵活轻捷之状。

宋人陈允平《观猿》，描写了林中猿矫健的身姿：

挂石攀云日半斜，乱山深处绝烟霞。

所以，人们常用猿猴类比武艺高强的勇士。

司马迁在《史记·李将军列传》中，描述飞将军李广身材高大，用"猿臂"来形容。三国魏曹植在《白马篇》以"狡捷过猴猿"，来赞美游侠儿的神奇和英勇。

明人沈德潜在《万历野获编》中，记载了猴子使用火枪击退倭寇的奇闻轶事。嘉靖年间，日本倭寇经常入侵我国东南沿海一带，浙江参将戚继光训练兵马，准备应战。由于士兵们常在山中练习施放"鸟铳火鼠之术"，因此被群猴模仿。

一次，敌我交锋，寡不敌众，戚继光让士兵把一些火器丢在山路上，以诱敌入林。不料群猴拾到火器，见倭寇披发光脚，以为怪物，便用自学的本事向敌射击。埋伏着的戚家军乘机冲锋，大获全胜。

也许正是因为猴子的灵性十足，所以被人们夸张为变化多端的精灵。

在我国的传统文化中，猴文化也十分丰富，并且还深具内涵。猴子不仅是一种图腾，

而且还是一种吉祥物。猴之吉祥在于它与"侯"同音。

侯是古代爵位，《礼记》云：

王者之禄爵，公、侯、伯、子、男凡五等。

古人希望升官封侯，猴便成了象征升迁的吉祥物。为此人们还创造了许多吉祥图案。比如一幅猴子骑马的画，被人们寓意为"马上封侯"。再如一幅一只猴子骑在另一只猴子的背上的图画，则寓意为"辈辈封侯"。还有一幅猴子向枫树上挂印舶图画，寓意是"封侯挂印"。

有一幅《三猿图》的画，画中有3只猴子，一只捂耳，一只掩嘴，一只蒙眼，代表"非礼勿听，非礼勿言，非礼勿视。"这些图案常见于古代官府屏、壁之上，也见于画稿、文具、什器、玉雕上。

古书上说，养马的人在马厩中养一只猴，能防止马群得病。我国西南高原上的行商，驱赶马匹长途贩运时，也常带一只猴子同行。

据说，猴对骒马的疾病很敏感，常能帮人发现病马，以防瘟疫扩散。住店前先让猴子嗅一遍，无疫情方安置马匹。于是，民间也有猴能避马瘟之说，猴也得了"避马瘟"之别号。

《西游记》中玉皇大帝封孙悟空为"弼马温"，就是取"避马瘟"之谐音，让孙悟空掌管天马，应该说是"专业对口"。但猴子是防止瘟疫的吉祥物，确是事实。

台湾高山族卑南人有"猴祭"，那是男孩十二三岁时的传统祭仪，通常在农历十一月间晚稻收成后举行。祭礼上要牺牲一只猴子，旨在培养少年的尚武精神。

贵州省荔波、独山一带的布依族有"猴节"。

农历二月初二这一天，人们带着节前准备的"香藤粑"，涌上山顶唱歌狂欢，孩子们像山猴一样满山乱窜，山野沸腾起来。妇女们还要晒种、选种，男人们检修农具，猴节一过就要下地忙农活了，所以猴节又称"动土的日子"。

我国古代有许多娱乐性质的舞蹈，其中就有老猴舞。老猴舞又称猴鼓舞，当地称之为剥泽格拉，意即模仿老猴舞。

相传，很久以前，一位瑶族老汉在山地敲打皮鼓，驱赶偷吃黄豆

猴王神通自由自在

的猴群。开始，猴群被鼓声吓得不敢下山。后来顽猴却趁着他熟睡后，悄悄地击鼓玩耍。

老汉醒来后，看见猴子打鼓觉得奇怪，看着看着，不禁被猴子击鼓，边跳边舞的动作所吸引。于是他暗暗记住了这些动作，回家后模仿起老猴打鼓，于是便有了这猴鼓舞。

主鼓手一边以鼓点指挥铜鼓演奏，一边跳起老猴舞，以舞姿表现众人的愿望，让死者的灵魂登天，驱散众人心头悲伤的阴影，消除灾难。他左跳右跳，双腿并拢微曲，然后双槌击鼓，手中的小木槌则有规律地从头顶、两耳、双肩、大腿、小腿等部位，相向互击，或左或右地绕皮鼓转圈。

老猴舞的舞姿动作，似老猴攀援、摘果，也似农事劳动的挥锄、挖地、点种，让人从中看到后人对前人艰辛创业的深深敬意。

跳老猴舞时，那牛角号的低沉、铜鼓声的铿锵、皮鼓声的凝重浑厚，久久地回荡在山中，带着众人对先人的缅怀之情，响彻云天。

知识点滴

在我国，画猴的历史可以追溯到宋代，因为"猴"、"侯"同音，所以古代吉祥画常把猴子与蜜蜂或枫叶和马画在一起，取"马上封侯"之意。

不过，在清代以前的猴画大多有烦琐的背景，猴的造型本身并不出色。直到后来把西方的造型艺术引入我国画坛之后，艺术家们对猴子形象的塑造才生动精彩起来，最有代表性的就是新中国连环画奠基人，被誉为"当代画圣"的刘继卣画的《西游记》连环画中的猴子，那真是形神兼备，惟妙惟肖。

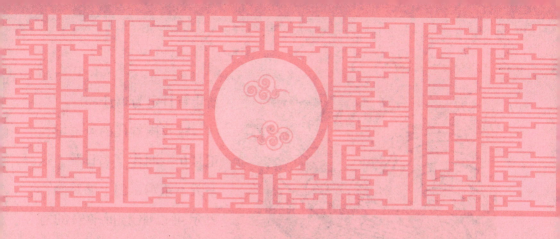

既报晓又驱灾的酉鸡

相传在尧帝时期，友邦上贡一种重明鸟，据说能驱灾辟邪。大家都欢迎重明鸟的到来，可是贡使不是年年都来，人们就刻一个木头的重明鸟，或用铜铸重明鸟放在门户，或者在门窗上画重明鸟，吓退妖魔鬼怪，使之不敢再来。

因为重明鸟样类似鸡，以后就逐步改为画鸡或者剪窗花贴在门窗上，也即成为后世的剪纸艺术的源头。我国古代特别重视鸡，称它为"五德之禽"。

《韩诗外传》说，它头上有冠，是文德；足后有距能斗，是武德；敌在前敢拼，是勇德；有食物招呼同类，是仁德；守夜不失时，天明报晓，是信德。所以人们不但在过年时剪鸡，而且也把

新年首日定为鸡日。

在我国古代的风俗中，正月初一叫作"鸡日"，这一天不杀鸡，门上贴鸡画，表示可以驱邪祈平安的意思。大概是"鸡"与"吉"的音相近。

古时候，春节在门窗上画鸡来驱鬼怪邪气。东晋文学家郭璞著的志怪小说《玄中记》里，讲到了度朔山上的这只天鸡，说是当太阳刚刚升起，第一道阳光照到这株大树上时，天鸡就啼鸣了，它一啼，天下的鸡就跟着叫起来了。所以春节所剪的鸡，其实就是象征着天鸡。

古人对婚礼是异常重视的，所以婚礼中的每一个礼节都是很有讲究的，古代婚礼中的抱鸡风俗，也不是偶然的，而是赋有许多特定的意义。

抱鸡其实只是一种仪式，并不是真的抱着鸡，而是在结婚时，在男方迎亲的车中，须有一只红色的大雄鸡，装在蒙着红布的笼子中，和负有抱鸡责任的10岁左右的男性儿童。

女方也须有抱鸡人，不过抱的是一只母鸡，并且在成亲三日后，母鸡必须被卖掉。这就是结婚时必不可少的抱鸡礼俗，亦称鸡礼。

自周代至今，虽历数千年，社会制度几经变化，社会文化不断发展，婚姻六礼不断改革、简化。然而，由于鸡礼有许多的重大意义，因此抱鸡风俗得以沿袭。

　　鸡作为十二生肖中的动物，最显著的象征意义就是守信、准时。公鸡报晓，意味着天将明，再进一步引申，则象征着由黑暗到光明的解放。

　　鸡在我国传统文化中被视为吉祥物，鸡鸣报晓，鬼怪避之，鸡吃毒虫，剪除"五毒"。在我国山东、河北、山西一带，每至除夕夜仍贴大公鸡画于门户上，以求避邪除凶、驱恶趋吉。

　　鸡在十二地支属酉。"酉"为象形字，像酒器。雄鸡报晓，旭日东升，雄鸡一啼，都不会误时的。

　　鸡守夜报晓，对于古人来说意义非常大。古代的计时工具非常简陋，如漏壶，它虽可计时却不可能按时叫醒人们。没有后来的闹钟，睡梦中的人们不知道到了什么时候。这时金鸡报晓，告诉人们天快亮了，应该起床准备工作。

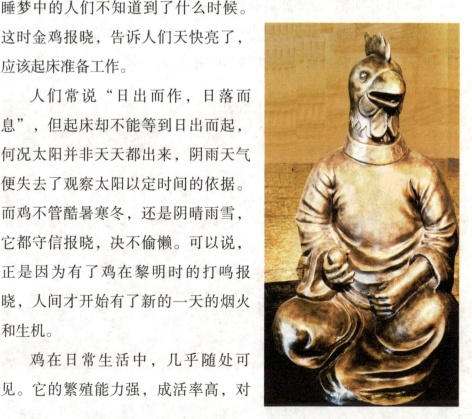

　　人们常说"日出而作，日落而息"，但起床却不能等到日出而起，何况太阳并非天天都出来，阴雨天气便失去了观察太阳以定时间的依据。而鸡不管酷暑寒冬，还是阴晴雨雪，它都守信报晓，决不偷懒。可以说，正是因为有了鸡在黎明时的打鸣报晓，人间才开始有了新的一天的烟火和生机。

　　鸡在日常生活中，几乎随处可见。它的繁殖能力强，成活率高，对环境没有什么特别的要求，无论何地都可以饲养。

鸡作为飞禽，其飞行能力大大退化。比不上其他的飞鸟，能够自由自在地翱翔蓝天。在地上行动奔跑，比不上马狗的迅疾灵巧，所以鸡显得很平凡。它也因此具有平凡、大众化和柔弱的象征意义。

雄鸡能勇斗，见敌敢战，古人便想象其具有避邪的神力。古人常用鸡来驱邪和祭祀。杀鸡驱邪是一种巫术，也就是一种迷信。早在先秦时期，就有用鸡和鸡血驱邪的活动。古人认为，鸡和鸡血具有驱鬼邪去灾祸的作用。

古人对祭祀非常重视。在众多的祭祀用牺牲中，鸡就是其中之一。用鸡祭祀祖宗，一直都盛行在我国的一些地区。

鸡还用于判案。景颇族就有用鸡鸣作为神判的方式。争讼双方各携一只活公鸡到约定地点，先由巫师念经，念毕双方纵鸡，视约鸣叫以决胜负。先叫者败诉，后叫者或不叫者胜诉。

知识点滴

古人认为，雄鸡守夜不失时、天明早报晓，极具信德，加之头上有冠、足后有距、敌前敢拼、不享独食，兼具文、武、勇、仁、信之德，故冠之以"五德之禽"的美名。

鸡在很多神话里还是拯救世人的神物。如《西游记》里，唐僧师徒被蝎子精围困时，二十八宿之一的"昴日星官"下界捉妖，他现出公鸡本相，长鸣两声即令蝎子精当场毙命。

汉代奇人东方朔在其所撰的《神异经》里更是夸张地描述了神鸡的威力。东方朔称，大荒东极的扶桑山上有玉鸡，玉鸡鸣则金鸡鸣，金鸡鸣则石鸡鸣，石鸡鸣则天下之鸡鸣，悉鸣则潮水相应，东方渐明。

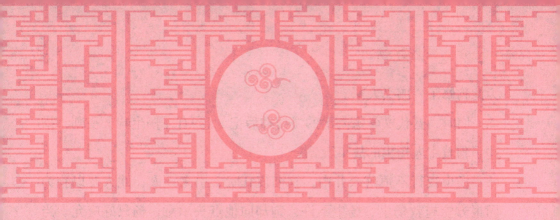

象征忠诚而善良的戌狗

三国时候，住在襄阳的李信纯曾经到城外饮酒，大醉，在回家的路途中倒在草中酣睡。当时正值太守烧荒围猎，火焰四起。李信纯身旁的家犬黑龙见势不妙，用嘴不停地拉拽李信纯。可是主人醉得很厉害，一点反应都没有。

于是，黑龙就跑到三五十步远的溪水里沾湿全身，返到主人身边，把身上的水甩落在主人身边的草上。如此反复多次，最后主人得救了，而黑龙却累死了。

当李信纯酒醒后，发现狗舍身救己后，就告知太守。太守感慨道："犬的报恩甚于人。人不知道报恩，还不如狗啊！"于是

为此狗修了一座义犬冢。

旧时，晋代文学家陶潜的《搜神后记》卷9有《杨生狗》一则，描述了狗救主人杨生的故事。

杨生夜行不慎落入井中，狗彻夜狂吠，引来一人，此人要以狗为回报方能施救杨生。杨生不许，狗却向他点头示意，杨只好应允。当杨生出井后第五天，狗乘黑夜返回到杨生的家中。

狗善解人意，能忠诚守信地送信引路。《太平广记》卷94引南朝梁文学家任昉《述异记》载，文学家陆机家有一犬名黄耳，此犬机敏聪慧，能理解人的语言。陆机在洛阳做官的时候，很长一段时间得不到家中的音讯，于是便问黄耳："你能帮我送封书信吗？"

黄耳一听主人让它送信，非常高兴，不停地摇动尾巴叫着，算是对主人的回答。

陆机便将信装进竹筒，系在犬颈。黄耳奔跑了十几天，终于把信送回千里之外的江南家中。它口衔着竹筒，又作声表示要家人回信。家人看完以后，又以同样的办法让黄耳给陆机带回信。黄耳不负主人的期望，不辞辛劳，把信带回了洛阳，这令陆机大为欣喜。这就是典故"黄耳寄书"的出处。宋代大诗人黄庭坚为此还做诗《伯氏到济南》，称颂此事：

> 西来黄犬传佳句，
> 知是陆机思陆云。

由于狗的信实聪慧，忠勇护主，所以一直以来都有很多义犬助人、救人的感人故事。自从狗成了人类的朋友，它就始终表现得忠诚效力，尽职守信，成为忠诚守信的象征。

狗在十二地支中属戌。戌时为夜的开始，古人认为狗守夜，所以主"戌"。狗是人类患难与共的朋友，被认为是通人性的动物，它对人类特别忠诚，因而具有忠贞不渝的意义。

狗是人类的朋友，由狼驯化而来。史前时代即为人们饲养，在中华文明发展的长河中，狗曾扮演一定的角色。在我国古代，狗是"六畜"之一。

从我们祖先留传下的岩画、陶瓷、剪纸、刺绣上，可以生动地印证它和人类相处的风貌。通过这些图片，让我们更了解人类与狗的关系，从而善待狗与其他的动物，让人类社会与自然界和谐发展。

瓷塑狗玩具，在我国有悠久的历史。在我国西安半坡村仰韶文化遗址的儿童墓葬中，曾出土有很多陶狗，后经考古学家、历史学家、民俗学家考证，认为这些小狗就是最早的儿童玩具。

在我国甘肃、青海马家窑、马厂文化遗址，出土有彩陶时期的各种狗的器物模型。到了汉代，早期青瓷中出现了瓷质的狗玩具。随后的唐宋之际，是中国古代玩具大发展的鼎盛时期。

明清以后，陶瓷玩具逐渐被泥质、木质、布质、竹质、银质的各种民俗玩具狗所取代，而用陶瓷表现的那种古朴憨厚、稚拙可掬的狗的韵味，也就随着时光的推移而远逝了。

民间工艺品"泥泥狗"，是我国自古流传下来的最古老而优秀的泥塑艺术品。泥泥狗反映了古老母系生殖崇拜观念等文化内涵。不仅保留了古代玩具的风貌，还蕴含了很多民间神话传说。泥泥狗代代相传，寄托了人们对人类祖先的缅怀和崇拜。

泥泥狗代表着吉祥安康、辟邪消灾。泥泥狗是原始艺术的延续和拓展，记录了人类文化发展的轨迹。

知识点滴

《太平广记》记载，古时有个叫华隆的年轻人热衷打猎，他还专门养了一只猎犬。

有一次，华隆追赶猎物到江边时，突然遭到了一条巨蛇的伏击。巨蛇裹缠攀附在华隆身上，越缠越紧，华隆又惊又怕，当即昏厥倒地。猎犬猛冲上前，与巨蛇激烈搏斗，终于咬死了巨蛇，但华隆仍僵卧在地毫无知觉。猎犬见状立刻狂奔回家，在家人面前仓皇泣嚎，又在路间往返狂奔。家人见狗举动反常，便跟随它一路赶去，到江边时才看到闷绝在地的华隆。

代表幸福和富足的亥猪

　　相传，自唐代开始，殿试及第的进士们相约，如果他们中间的人在今后任了将相，就要请同科的书法家用朱书即红笔题名于雁塔。因"猪"与"朱"同音，"蹄"与"题"音谐，所以猪成了青年学子金榜题名的吉祥物。

　　每当有人赶考，亲友们都赠送红烧猪蹄，预祝赶考的人朱笔题名。后来，这种习惯逐渐扩大，人们在新年时互赠火腿，因为火腿是用猪蹄烤制而成的。

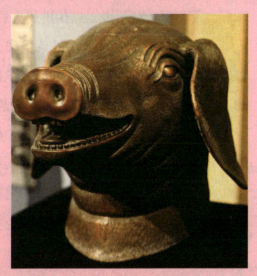

　　民间还认为肥猪拱门吉祥，肥猪俨然成为一个传送福气的使者。所以，有俗语说："猪是家中宝，粪是地里金。"猪

是聪明的动物，它并不笨，也非本性爱脏，而是后天环境使然。猪是可以训练的，可见它是有智慧的。

"猪"与"诸"音同，常被借用为诸事吉利，佳年诸吉。所以在我国的传统文化中，猪一直都有吉祥如意的寓意和象征。

猪作为人的生肖属相之一，猪和十二地支中的亥相配，称为亥猪。虽排在第十二位，但在古代人的心目中，却有着很重要的地位。

在我国，"生肖十二个，人人有一个"，因此，生肖猪被人们赋予聪明才智和寄予良好的祝愿，使猪成为人们喜爱的灵性吉祥之物。

猪又名印忠、乌金、黑面郎、黑爷。古称豕，又称彘、豨，别称刚鬣。《朝野佥载》说，唐代洪州人养猪致富，称猪为"乌金"。

在华夏的土地上，早在母系氏族公社时期，就已开始饲养猪、狗等家畜。浙江余姚河姆渡新石器文化遗址出土的陶猪，其图形与现在的家猪形体十分相似，说明当时对猪的驯化已具雏形。

汉字的"家"字部首是"宀"，象征房屋，下半部是"豕"，也就是代表猪的"豕"字。因此有此一说，房屋加猪等于家，豕即财富。在农业社会中，如果家里没有养猪，就不成为"家"了。

作为家猪，猪又是那样的憨厚老实，安分守己，从不去加害于任何人，并为人们带来了经济上的富足，成为百姓们的聚宝盆。

在上古的时候，猪的文化意义不含有任何的贬义，相反，猪是衡量勇敢的尺码。不但"家"的含意是在房屋内养猪，就连当时的社会活动，也以与猪有关的事为中心。

例如甲骨文"事"字，作双手举长柄网捕捉猪或野猪之状。而人的素质，也以猪事为坐标来衡定，如"敢"字，有徒手捉猪以示勇敢之意，那么不能捉猪便视为怯懦。

家猪显得温顺老实，那是因为长期被人类驯养，与大自然隔离而丧失了其本性。而野猪性情凶暴，善于搏击，于是基于这一特点，猪便含有了勇往直前的意思。

在我国古代，人们认为猪是一种灵物，受到社会普遍崇拜。在古代人看来，猪是聪明、智慧、威仪、刚烈、勇猛、繁殖力强的象征。

古代人对猪非常崇拜。西汉末年的王莽，还把他的精锐部队取名"猪突勇"，意思是野猪勇猛、精锐。在魏晋南北朝时期，有人把战舰命名为"野猪"，以表示勇猛和必胜。

在民间艺术中，猪象征着自力更生、勤劳致富。而年画中的"肥猪拱门"更是深入民心，它表示丰收吉庆，福气财气齐聚。

在天津、河北等地，有"肥猪拱门"的节日窗花，是用黑色蜡光纸剪成的。猪背上驮一聚宝盆，张贴时左右各贴一张，表示招财进宝之意。

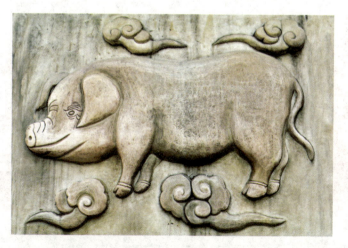

陕西一带有送猪蹄的婚俗。结婚前一天，男方要送四斤猪肉、一对猪蹄，称礼吊，女方将礼吊留下后，还要将猪前蹄退回。婚后第二天，夫妻要带双份的挂面及猪后蹄回娘家，留下挂面，后蹄退回，俗称"蹄蹄来，蹄蹄去"，表示以后往来密切。

云南西双版纳的布朗族，在婚礼的当天，男女两家要杀猪请客。除请客外，还要将猪肉切成小块，用竹竿串起来分送各家，以示骨肉之亲之意。

云南佤族有猪胆卦的占卜风俗。杀猪后，根据猪胆判断吉凶。如果胆纹上下行，胆内水分多，为吉卦；胆纹左右行，胆内水分少，为隐卦。一般在举行重大活动时使用，由巫师卜卦。

此外，猪和婚姻爱情还关联在一起。比如在湘西侗族地区，流行猪耳朵定亲的习俗。土家族则流行猪尾巴催亲的习俗。

自古以来，猪是富足吉祥的象征，它的憨态可掬让人喜爱，它是兴旺家业的聚宝盆，让世人的心中贮满了发财致富的梦想，只要勤劳肯干便能成为现实。

知识点滴

考古工作者在河姆渡新石器文化遗址中，曾经发掘出土过陶猪，与现在的家猪形体十分相似，说明当时的猪已近驯化。

猪憨厚老实，安分守己，从不去加害于任何人，并为人们带来经济上的富足。唐代洪州人养猪致富，称猪为"乌金"。家猪从头到尾，都是人们百吃不厌的美食，被农家视为"聚宝盆"。所以我国民间有"贫不丢书，富不丢猪"的说法。

寿诞礼俗

古人说："六十花甲子，七十古来稀。"就古代生活条件和医疗条件而言，老人能活到六七十岁已属不易，子女们庆幸自己的双亲长寿，必然要有一番很热闹的祝贺活动，盼望生命之树常青，寿禄之神常临，老人健康长寿，颐享天年。

古人还创造了吉祥人物寿星，时常加以寿礼；把寿字用许多形体写出来，组成"百寿图"，择定许多长寿的象征物，入诗入画，借以寄托长寿愿望。所有这些都构成了我国传统寿诞礼俗的丰富画卷，而其中寿礼最为突出。

鹤发童颜的老寿星彭祖

我国古代地方志《华阳国志》中记载，四川眉山彭山镇有一位名叫彭祖的人。古人把他视为天上的寿星，是因为他保持着最高长寿纪录，767岁。这种说法来自东晋葛洪的古代志怪小说集《神仙传》。

767岁高龄自然不可信，这是以当时66天为一年纪年的方法所指的年纪，是古时彭山一带"小花甲计岁法"的结果。小花甲计岁法源于"六十甲子日"，就是古代所传60个星宿神依次值日一圈的时间。

民间崇拜上天星宿，凡人寿命皆与星宿对应，便以60个星宿神轮流值日一周的时间为一岁。如果按后来365天作为一年记，彭祖的实际寿命为159岁。

767岁的高寿虽假，但历史上彭祖似乎确有其人。《史记·楚世家》记载了他的显赫出身，他是"五帝"之一颛顼的孙子。而有关他的长寿故事早在秦汉以前就已流传。战国时期楚国诗人屈原的长诗《天问》中就曾提到他，孔子和庄周在自己的著作中也都将他视为长寿的典范。

彭祖虽然不是天上星官，但人们确信他掌握了一套养生的方法，是真实生活中靠修炼获得长生不老的成功者。这也是人们将他与寿星合二为一的原因。

可以活到767岁，这是怎样一种长生不老的养生术？《庄子·刻意》中有记载：

吐故纳新，熊经鸟伸，导引之术，彭祖寿考者好之。

吐故纳新是说用意念调节呼吸，熊经鸟伸和导引又是怎么回事呢？所谓"熊经"，是指模仿熊攀援的动作，所谓"鸟伸"，是指模仿鸟类尤其是鹤展翅引颈的姿态。由此可知，彭祖的导引术实际上是一种模仿动物形体动作的健身体操。

模仿熊，是因为熊能在冬眠期长达数月不进食，养生家认为这是因为他通晓食气辟谷之术。模仿鹤的理由似乎是看中他的优雅和扶摇升空时自在逍遥；或许人们想象自己得道成仙那一刻，也应当像仙鹤

那样优哉游哉。

魏晋以来，道教的养生理论渐成体系，托名彭祖的著述多达数十部，有《彭祖养性经》、《彭祖摄生养性论》等。除了导引气功、炼丹术、中医中药等养生疗病理论以外，还涉及烹饪饮食和房中术。

道教经典中早就谈到人的这两种生理需求，"食、色，性也"，认为这是人与生俱来的欲望。与儒家视之为洪水猛兽的态度截然相反，彭祖养生术不避讳谈食谈色，并将其作为重要的修炼内容。

所谓食，是指饮食烹饪术。过去厨师行业将彭祖作为祖师爷，因为彭祖是有记载以来的第一位美食家和技艺高超的厨师。早在屈原的《天问》中，就提到彭祖调制野鸡羹献给尧帝的著名典故：作为当时部落首领的尧帝指挥治水，由于长期心怀部落和部众安危，尧帝积劳成疾，卧病在床。数天滴水未进，生命垂危。

就在这危急关头，彭祖根据自己的养生之道，立刻下厨做了一道野鸡汤。汤还没端到跟前，尧帝远远闻到香味，竟然翻身跃起，食指大动，随后一饮而尽，次日容光焕发。此后尧帝每日必食此鸡汤，虽日理万机，却百病不生，此事被传为美谈并流传下来。

雉鸡当时并不罕见，配料也无玄机，关键就集在彭祖的另一秘方上。古籍《彭祖养道》上曾记载："帝食，天养员木果籽。"一碗普通的鸡汤能够有点水成药的养生功效，其实是来自这枚小小的茶籽。

因此后人认为，彭祖正是知道茶籽的养生功效，才会一招中的。尧帝在位70年，终于118岁仙寿的秘密也尽在这茶籽之中。

彭祖烹饪手艺之高超，居然可以治愈厌食顽症，那么吃出健康长寿的观念也就很容易被人们接受。饮食烹饪术随即被纳入养生理论，并与导引健身相辅相成。

相传孙膑18岁离开家乡到千里之外的云蒙山拜鬼谷子为师学习兵法。一去就是12年，那年的五月初五，孙膑猛然想到："今天是老母80岁生日。"于是向师傅请假回家看望母亲。师傅摘下一个桃送给孙膑说："你在外学艺未能报效母恩，我送给你一个桃带回去给令堂上寿。"

孙膑回到家里，从怀里捧出师傅送的桃给母亲。没想到老母亲还没吃完桃，容颜就变年轻了，全家人都非常高兴。人们听说孙膑的母亲吃了桃变年轻了，也想让自己的父母长寿健康，便都效仿孙膑，在父母过生日的时候送鲜桃祝寿。

知识点滴

张果老高寿和麻姑献寿

　　那是在很久以前，在蔡里山坡上有一座古庙，庙中有一老僧带着三个和尚。最小的和尚叫张果老，除侍候老僧外，还干劈柴、担水等杂活。

　　一天晚上，张果老挑满缸水，至次日，一滴未用，缸水竟然全无，老僧责骂他偷懒。

　　张果老不知其因，只得重新挑满缸水，第二天，缸水又不用而尽，老僧气怒，将其痛打一顿。张果老甚感委屈，心中诧异，决心弄个水落石出。晚上，又挑满缸水后，藏于暗处窥视。半夜时分，忽从庙外跑进两个白胖光腚小孩，来至缸前，头伸进缸中喝水，张果老上前捉拿，转瞬却不见了。

张果老便把所见情景如实告知老僧。老僧命张果老仍把缸水挑满，不要声张。晚上，老僧拿根钢针，纫上长长的绒线，和张果老一起藏于水缸不远的暗处。

不久，果然有两个光腚小孩又来缸边喝水。老僧乘他们头伸进缸中之时，跑上前去，把钢针扎进小孩屁股上，只听"哇"地一声尖叫，小孩又不见了。

老僧和张果老顺着绒线查找，至庙外墙角处，红线入地。老僧令张果老拿来铁锹挖掘，结果挖出两个形似人体的东西来。老僧知是人参，令张果老烧火煮熟，并告知不准品尝。

张果老把挖出之物放于锅中，生火煮了一会儿，香气扑鼻，馋的口水直流，终于忍耐不得，捞出品尝，味道鲜美。张果老仍馋涎不止，索性取出吃个精光。张果老畏老僧责怪痛打，想逃走了事。

出庙门，见树上拴一头毛驴，回头把锅中所剩汤水取出给驴喝了，然后骑上驴背，朝东逃去。由于担心老僧前来追赶，他便倒骑毛驴往后观望。

后人传说，张果老食仙参已成仙人，毛驴喝了汤水也成为神驴，张果老骑着毛驴遨游四海去了，后来还被封为"八仙"之一。

张果老是"八仙"中最老的一位。他本名张果,但是人们为什么又称他为"张果老"呢?据说他年岁大得出奇,寿龄竟高达8000岁,所以就称他为张果老了。

在"八仙"中,张果老最为奇特的地方,就是"老"。在《新唐书·方伎传》中记载说,唐代初年,张果老隐居于恒州中条山一带深得仙道,常在汾、晋间往来,世传数百岁人。唐玄宗时,他应召入朝,自称"生于尧丙子年"。据此,张果老的年岁,至少要上推3000多年。

在我国的传统观念中,麻姑是一位寿延千年的女寿星。在女性长者寿诞之际,家中的寿堂上往往会张挂一幅美丽吉祥的《麻姑献寿》。图中的麻姑手中托着贡盘,内装自己酿造的灵芝酒,以及金樽、酒壶和仙桃等,而麻姑呢,正笑容可掬地凝望着你。

我国古代神话传说中的麻姑,是一位相貌出众、聪慧伶俐的女神仙。相传她18岁的时候,便有很深的道术,经她之手扔出的米粒,可以立时变为金珠。

关于麻姑的来历,历史上有许多不同的传说。有的认为她是后赵石勒时悍将麻秋之女,史籍中记载她时写道:

为人猛悍，筑城严酷，昼夜不止，惟至鸡鸣少息，麻姑心怀恤民之念，常假作鸡鸣，群鸡变鸣，工得早止。后父觉疑，欲挞之，姑惧而逃，入仙洞修道。

也有的人说她是晋代仙家王方平的妹妹，也有的人说她是唐代解放出宫的美女。

在我国的民间还有传说，说麻姑乃是秦始皇的女儿，面麻而心善。在修筑长城时，秦始皇叫她传旨让民工"三天吃一顿饭"，她则传为"一天吃三顿饭"，并谴责秦始皇暴政，因此被杀。她被杀的七月十五日，唐山地区将其作为"麻姑节"，百姓年年祭祀这位善良的女仙。

麻姑在大多数图画中，都被描绘成一位年轻美貌的女子，可是，据晋代炼丹家葛洪《神仙传》记载，麻姑曾与仙人王方平"不相见忽已五百年"，可见麻姑的寿命至少已有数千年之久。

更令人惊奇的是，麻姑自言已经三次看到东海变成桑田，可见，麻姑的年龄已有千万年之久了。

据《神仙传》载，麻姑是建昌人。在南城县西南5千米处，有一座麻姑山，山势雄伟，高4.5千米，主要山峰都以长寿等吉祥语命名，如万寿峰、五老峰、葛仙峰、秦人峰等。相传这里是麻姑得道之处。

她和东汉仙人王方平曾在此相

会，山上有"会仙亭"。山上还有"麻姑仙坊"，唐代即有庙祭祀，道教称"第二十八洞天"。

麻姑山中多特产，其名多与麻姑有关，取长寿吉祥之义。如麻姑酒、麻姑茶、麻姑米等，均享盛名。

有关麻姑传说中最为著名的还在于她的为西王母祝寿的故事。

相传，农历三月初三西王母寿诞那天，麻姑在绛珠河畔用灵芝酿成美酒，献给西王母。西王母一时高兴，便封她为女仙，于是麻姑献寿故事就此流传开来。

知识点滴

张果老善骑驴，民间对他倒骑毛驴的传说颇多。据说有一天，腹中饥肠辘辘的张果老途经一处古庙，突闻一阵奇异的肉香，便将白毛驴拴系在庙侧古树上，闯进庙里打开灶上的锅盖，饱餐一顿。正在这时，忽听身后一声吆喝："何地村夫，敢偷吃俺采摘来的仙药'何首乌'？"张果老闻声，扔下铁锅，解驴便逃。

奇怪的是，这时张果老竟变得身轻如燕，连毛驴也像离地而起。待远离了古庙，他才发现慌乱之中竟是倒骑在驴背上的。从此，张果老便倒骑着毛驴行路。

东方朔偷桃成长寿之祖

汉武帝即位之后，广征四方人士，这时候，东方朔上书自荐，被诏拜为郎。后任常侍郎、太中大夫等职。他性格诙谐，言词敏捷，滑稽多智，常常讽刺净谏汉武帝的过失，因此而被称为忠臣。

可是，这样一位忠臣在民间的传说中还曾偷过西王母的仙桃呢。

传说有一次汉武帝寿诞之日，有一只黑鸟降落在殿前，汉武帝问东方朔那是什么鸟，东方朔说是西王母饲养的青鸾鸟，它的到来，预示着西王母将要下凡来为陛下祝寿。

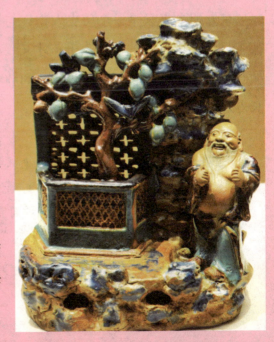

汉武帝听后，龙颜大悦。过了一会儿，西王母果然降至，晋谒汉武帝之后，还献上盛有七只仙桃的玉盘，托东方朔转呈汉武帝。可是东方朔只将其中五只献给汉武帝，自己偷偷留下两桃。

汉武帝不知道，还命令侍臣种植桃核，西王母知道后阻止他说："这桃可不能种在下界，它的枝叶伸展方圆三千里，三千年才开一次花，过三千年结一次果，此桃已是第三次结果，但这小子每次都偷我的仙桃。"

东方朔本来只是一个历史人物，与长寿并不沾边，但因为偷吃了西王母的仙桃，而此桃是三千年才开一次花、三千年结一次果，那么偷吃了三次仙桃，寿命起码也应在18000以上了，难怪民间要把他奉为长寿之祖了。

知识点滴

明代画家唐寅曾画有东方朔像，并题诗云：

王母东邻方小儿，偷桃三度到瑶池。

群仙无处追踪迹，却自持来荐寿厄。

东方朔因个子矮小，故被戏称"小儿"。在旧时为老人贺寿之日，人们往往在寿堂上悬挂东方朔的图画，以此来象征长寿和吉祥。

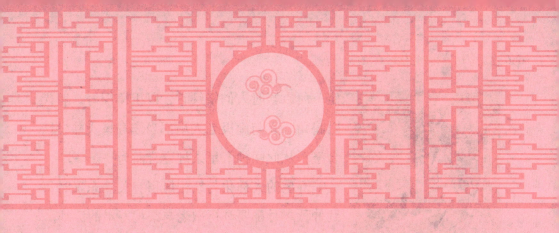

道教大脑门儿的拄杖寿星

寿星，一说寿星原是二十八宿中的角亢星，为东方苍龙七星，即角、亢、氐、房、心、尾、箕之一。每年五月初的傍晚，寿星便带着长寿的吉祥之光出现在东方。

还有一种说法，认为寿星即是老人星，亦即南极老人星。《史记·封禅书》司马贞索隐：

寿星，盖南极老人星也，见则天下理安，故祠之以祈福寿也。

可见汉代时已认为寿星就是南极老人星，而天空中只要出现寿星，天下便平稳安

定，所以当时人们祭拜它，以祈祷福寿。唐代时将角、亢与南极老人星都当作寿星，并设坛合祭，从此两种寿星崇拜遂合而为一。

寿星的人神化与祭祀风俗有关。东汉时每到仲秋之月都要举行敬老与祭祀寿星的活动。

由于祭祀寿星与敬老活动相结合，寿星遂定格为一位拄长杖的老人形象。南宋时的寿星像是"扶杖立"，"杖过于人之首，且佝曲有奇相"。明代，寿星长头短身的形象逐渐突出，所描绘的寿星形象是：

手捧灵芝飞蔼绣，长头大耳短身躯。

由于道教养生观念的融入，也使寿星形象发生相应的改变。最突出的要数他硕大无朋的脑门儿了，这是山西永乐宫壁画，可能是存世最古老的寿星形象。在永乐宫上千位神仙中，我们一眼就能将他认出，就是因为他那超级的大脑门儿。

关于大脑门儿的来历，有多种猜测，有人认为大脑门儿来自返老还童现象，老人和小孩有诸多体貌特征上的相似。比如初生婴儿头发稀少，老年人也是一样。而头发少自然额头就显得很大。

寿星的大脑门儿，也与古代养生术所营造的长寿意象紧密相关。比如丹顶鹤头部就高高隆起。再如寿桃，是王母娘娘的蟠桃会上特供的长寿仙果，传说是三千年一开花，三千年一结果，食用后立刻成仙长生不老。或许就是因为这种种长寿意象融合叠加，最终造就了寿星的大脑门儿。

我们都知道，在寿星的手中有一柄手杖。《汉书·礼仪志》记载，汉明帝在位期间，曾主持一次祭祀寿星仪式，还安排了一次特殊的宴会，与会者是清一色的古稀老人，普天之下只要年满70岁，无论贵族还是平民都有资格成为汉明帝的座上客。盛宴之后，皇帝还赠送酒肉谷米和一柄做工精美的王杖，王杖也称鸠杖。

魏晋以后，寿星的手杖产生了变化，斑鸠的王杖换成了桃木手杖，其政治教化功能逐渐被削弱。原来象征特权的雕有斑鸠的王杖，换成一柄桃木的手杖。据说桃木能祛病强身，延年益寿。

年画《寿星图》是民间喜爱的吉祥物，图上那位慈眉善目的寿星老人满足了人们对健康长寿的美好祈望，人们看到他便心旷神怡，从中得到一种心理的满足和精神的安慰。在《寿星图》的四周还点缀有松、鹤、龟、桃、灵芝、葫芦等表示长寿吉祥的动植物，这就更增添了吉祥的气氛，突出了长寿的主题。还有些年画将寿星与福、禄二星画在一起，表现出既求长寿，又求官运、福运的意思，被称为"福禄寿图"。

后来，道教基于当时人们对于星辰的自然崇拜，便按照自己的意愿，衍生出了福、禄、寿三星，并赋予了他们非凡的神性和独特的人格魅力。

福、禄、寿三星高照，人们常用"福如东海，寿比南山"来祝愿长辈幸福长

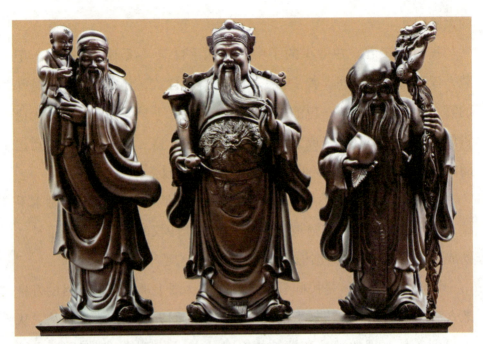

寿。道教创造了福、禄、寿三星形象，迎合了人们的这一心愿，"三星高照"就成了一句吉利语。

福、禄、寿三星也是许多民间绘画的题材，常见福星手拿一个"福"字，禄星捧着金元宝，寿星托着寿桃、拄着拐杖。另外还有一种象征画法，画上蝙蝠、梅花鹿、寿桃，用它们的谐音来表达福、禄、寿的含义。

知识点滴

关于寿星的特号大脑门儿，还有一则传说：寿星母亲怀上寿星九年，尚不能分娩，母亲十分着急，竟然问腹中的孩子："儿啊，你为什么还不出来？"寿星在娘胎中说："如果家门口的石狮双眼出血，我就要出生了。"这话被隔壁的屠夫听到了，就用猪血涂在石狮双眼中，结果寿星就急急忙忙从母亲腋下钻了出来。由于未足年份，寿星的头就变得长而隆起了。

献酒上寿开启寿礼先河

　　早在春秋战国时期，我国上层管理集团中已经出现了"献酒上寿"的原始形态的祝寿活动。《诗经·豳风·七月》云：

　　九月肃霜，十月涤场。朋酒斯飨，曰杀羔羊。跻彼公

堂，称彼兕觥，万寿无疆。

就是说，九月开始下霜，十月打扫场院，等到一年农事活动结束后，人们便杀羊饮酒，来到主人公堂，举杯祝他万寿无疆。《诗经·小雅·天保》又说：

如月之恒，如日之升，
如南山之寿，不骞不崩。
如松柏之茂，无不尔或承。

这是臣子祝颂主人的话：您像月亮一样持久，像太阳一样永恒，像南山一样长寿，像松柏一样四季常青，人们没有谁不拥护您。

这些诗句表明，早在春秋战国时期，在一些欢乐、喜庆的场合中，地位较低的人举起酒杯为地位较高的人庆贺祝福的祝福语。

当然，春秋战国以后的献酒上寿活动虽然并不一定与特定的生日有关，但由于活动本身具有"为人上寿"的特点，因此仍然可以说是祝寿礼仪的源头。

到了唐代，唐玄宗李隆基任用姚崇、宋璟等贤相，励精图治，开创了大唐的极盛之世，而李隆基本人也是琴棋书画、声色娱乐无所不能。公元729年，他的丞相源乾曜、张说等上表，请将唐玄宗的生日定为"千秋节"，并且说：

> 著之甲令，布之天下，咸令宴乐，群臣以是日献甘露醇
> 酎，上万岁寿酒。

当时唐玄宗亲笔批复：

> 当朕生辰，卿等请为令节，上献嘉名，自我作古，是为
> 美事，依卿来请，宣付所司。

到了这一天，全国休假3天，朝野上下共同举行庆祝活动。从这以
后，唐宋两代的许多皇帝都为自己的寿辰制定了专门的节日。

庆贺生日这一习俗的基本核心还是思亲娱乐，与儒家孝亲观念的
大方向是一致的，再加上对当事人祝吉祝寿的祈祥成分，因此，除皇
帝以外，在唐宋时期的许多官绅学士中也已普遍盛行祝寿活动。

宋代著名词人辛弃疾十分喜爱比他年龄小得多的妻子，在老年时

经常为妻子做寿，厅堂上挂起寿星图，桌上摆置寿酒，儿女们还纷纷在她面前叩首跪拜。在宋代，赠送寿礼的风气已逐渐开始盛行。

我国的祝寿礼仪发展到明清时期，其意义已突破了单纯的祈寿求祥，而与人们的娱乐、享受、炫耀等紧密地结合在一起。寿礼的规模越来越大，费用也越来越高。

皇帝们的寿庆活动自然较前更为隆重。当时，皇帝的寿圣之日统称为"万寿节"，皇后的寿诞则统称为"千秋节"。

民间祝寿的排场也越来越大，贺礼赠送的规格也越来越高。明清时期祝寿活动中演戏唱曲之风很盛。皇帝万寿节时的戏剧演出活动最为隆重，京城内要搭设三层高的戏台，几百名儿童和演员分别扮作仙童、寿星、八仙等上台表演，有时还会扮成各种珍禽异兽登台亮相，渲染祝寿的喜庆气氛。

总而言之，祝寿的准备是非常重要的，这代表了每一个人的祝福之心，和过寿人对祝寿之人的感激之情。

知识点滴

历史上也有皇帝并不赞成为自己的寿辰设定节日、举行庆祝活动的。如唐太宗李世民就反对属下为自己举行做寿活动。

据《唐实录》记载，公元646年12月某日为唐太宗寿辰，但他没有像其他皇帝那样兴师动众地大办寿礼，反而十分感伤。在生日这一天，他想到父母因生育自己而付出了极大的辛劳，自己没有理由去吃喝玩乐、庆贺生日。

这显然是儒家的孝亲思想在起作用。儒家认为，愈是遇到生日，愈是要想到父母把自己生下来的艰辛。

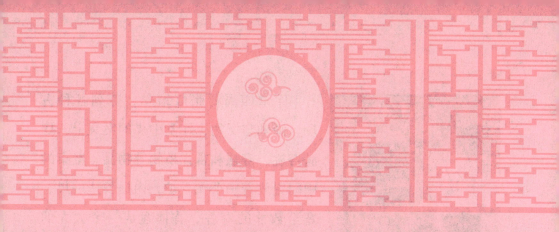

贺寿堂充满浓浓厚意

在我国，每逢家中有人要祝寿了，往往要精心将寿堂布置一番。寿堂一般设在家中，平时的客厅或客堂就是祝寿时的寿堂。

厅堂四周要张灯结彩，陈列各种古玩、画轴与文物，厅堂中央的案桌上，摆满寿桃、寿糕和吉祥植物等物品。案桌的中间置放着一个大香炉，内插长达一尺、宽至数寸的寿香，香体盘成一个大大的"寿"字。香炉旁边是一对蜡扦，上面插着重达一至三斤的蜡烛，烛体上绘有金色的"寿"字与各种彩色的吉祥图案。

厅堂正面的墙壁上，一定是一幅充满喜庆吉祥色彩的寿星图，图中的老寿星头部隆起，笑容可掬，一手拄拐杖，一手捧仙桃。如果是为妇女祝寿，也有挂年轻貌美、手提花篮或捧着仙桃的麻姑图像的。

有时，也挂上一幅书有一个大大的"寿"字图案。厅堂两侧还有高挂各种寿幛、寿联与寿屏的，大都为金色或红色的纸质、布质条幅，色彩极其艳丽，上面书写有各种祝贺长寿的文字。厅堂的正前方是案桌，供有各种寿礼。案桌的旁边还有两把沉重的太师椅，这是专为寿公寿婆准备的。到拜寿之时，寿公寿婆分别坐于东西两侧的太师椅上，接受堂前儿孙们的依次叩拜。

旧时北京地区的寿堂非常讲究气派，大户人家的堂上正面高悬红缎彩绣的"百寿图"、"一笔寿"，还有用"八仙"图案拼成的巨型"寿"字中堂，两旁是寿联，正中供一尊寿星或福、禄、寿三星，案前摆一副圆形蜡扦，高点寿烛。

另有一对梅花鹿形的花筒，用以插花。香炉顶盖上卧一头梅花鹿，嘴内叼一枝灵芝，谓之"百年草"。若是给女寿星做寿，堂上正面须悬挂绣有彩色或金色"五蝠捧寿"图案的红缎，前边供一尊麻姑，谓之"麻姑献寿"。

案上摆的蜡扦是一对对称的仙鹤，嘴里叼一朵莲花，花芯中出一根扦子，上插寿烛，谓之"仙鹤灯"。香炉顶盖上也有一只单腿独立的仙鹤叼一灵芝。供案的桌围子多为红地大金圆寿字或鹤、鹿、青松等彩色图案。

此外，按季节另设鲜桃、面鲜、点心各5碗，上插金寿字供花。还要在一对蜡扦底下各压一份黄钱、元宝、千张，下垂供案两旁。案前设红地毯或红毡子及拜垫。

一般小户人家的寿堂，则只是到香蜡铺请一份木刻水色印刷的"本命延年寿星君"的神"杩"儿，夹在神纸夹子上，还要摆上寿桃、寿面，点上一对"大双包"红蜡，压一份敬神钱粮。

前往祝寿的亲友至寿堂行礼，照例是两揖三叩，主人则谦让一番。祝贺人如是晚辈，必须跪拜，并说些祝愿的吉祥话。受贺的座位设在供案旁边，照例是男左女右。

如遇平辈，受贺人则站起，做用手搀的动作，表示请对方免礼。对未成龄的小孩前来叩拜，还须适当给些喜钱。受贺者的晚辈八字排开，站在两旁，对贺跪拜者逐一还礼。

在寿宴及堂会结束以后，"寿星"及其眷属亲友们还要齐聚寿堂，祭祀福禄寿三星或麻姑。在每个灯盘上放一盘用彩色灯花纸捻成的灯花儿，蘸上香油点燃。

灯花儿的数目按"寿星"的年龄计算，一岁一盏，但要多增加两盏，如60岁用62盏，70岁则用72盏，增加的两盏，一盏谓之"本命年"，一盏谓之"增寿年"。

首先由"寿星"上香，然后由子女及众亲友依次行跪拜礼，最后参加寿礼的每人托一灯盘，列队"送驾"，也叫"送灯花儿"，至大门外，将神祃、敬神钱粮焚化，庆寿典礼始告完成。

知识点滴

自古鹤都是公认的寿仙，长寿的象征，故有仙鹤的称呼，仙鹤也是道教神仙人物的坐骑。鹤，性情雅致，形态美丽，被称为"一品鸟"。除此之外，在我国传统文化中它跟仙、道、人的精神品格有着密切的关系。

鹤，雌雄相随，步行规矩，情笃而不淫，具有很高的德性，故古人多用翩翩然有君子之风的白鹤，比喻具有高尚品德的贤达之士，把修身洁行而有声誉的人称为"鹤鸣之士"。后世常以"鹤寿"、"鹤龄"、"鹤算"作为祝寿之词。

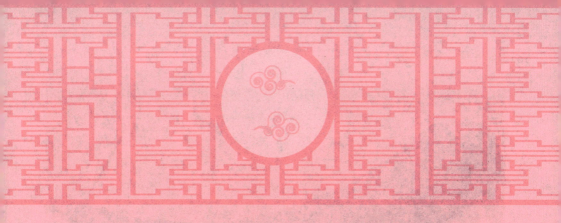

寿运的长寿面和寿宴

传说汉武帝有一次与大臣们开玩笑说，人的寿命长短与"人中"穴有很大关系，谁的寿命长，那么他的"人中"一定也很长。这时，东方朔便接口说，那么彭祖活了800多岁，他的人中一定很长，他的面孔更是不知有多长了。

此说本是讽刺汉武帝的戏言，但经过长期流传以后，人们却真的以为人中长、面孔长的人寿命也一定很长。

由于"面孔"的"面"与"面条"的面为同一字，于是民间便

以为吃了面条就会使人长寿。还有一种说法，是因为面条形状绵长不断，"面"与"绵"两音相谐，容易使人联想到长寿。《清稗类钞》中记载说：

> 馈人以米面及炒热之面，面条长，取其绵绵不断长寿之
> 意也。

做寿之日吃面条的习俗，也就这样流传下来了。一碗热气腾腾的寿面，金灿灿，黄腾腾，吃在朋友的肚子里，喜在寿星的眉梢上。

在我国，凡遇到生日，不论是大生日还是小生日，吃上一碗寿面，已是最常见也是最普通的祝寿礼仪。其实，生日吃寿面的习俗起源很早。在《新唐书》上曾载有这么一则逸事。

说在开元年间，唐玄宗的王皇后恩宠渐衰，颇不自安，某日向玄宗哭诉说："陛下独不记阿忠脱紫半臂易斗面为生日汤饼耶？"

这里的阿忠指王皇后的父亲，半臂是唐时妇女的一种服装，汤饼就是面条。这句话的意思是说，过去王父曾经用女儿的衣服换来一斗

面粉做面条，给唐玄宗做生日。这则逸事说明唐代已经盛行过生日吃面条的习俗了。

旧时寿面还经常被作为馈赠生日的最佳礼品。一些富裕人家凡遇亲友大寿，便要专门派人用竹筐抬送寿面到其家中。寿面的长度多在三尺以上，分量重达十余斤，一般还要凑成双数。

摆放寿面时先要将寿面装成一束束的面束，盘成高高的塔形，给人以高耸的感觉，然后在顶上插上寿字，外面再罩以红绿缕纸拉花，隐喻做寿者福星高照，寿运绵长。

经过这样装束的寿面送到做寿人家，除了送上馈赠者祈祝长寿的一片心愿之外，自然也为整个寿庆增添了一种隆重热烈的气氛。

寿酒是祝寿或寿宴上所用之酒。"酒"与"久"谐音，"祝酒"也就是"祝久"，有祝人长寿之意。以酒祝寿，在我国早已有之。《诗经·豳风·七月》中曾说众人跻身公堂，举起牛角酒杯，祝主人万寿无疆！这是先秦时期以酒祝长寿的习俗。宋代黄庭坚诗云：

欲将何物献寿酒，天上千秋桂一枝。

可见宋代是以桂花酒当作寿酒的。

在寿宴中，往往还有行酒令的习俗。酒足诗多，已逐渐形成一种寿诞文化，并在清代达到高潮。

后来，寿酒和寿宴连在一起举办，"吃寿酒"便是出席寿宴的俗称。逢十整数的寿宴，人们都会进行隆重的庆贺，而且寿数越高，寿宴也就越隆重。到了寿辰这一天，家庭成员以及亲朋好友都要携带上各种寿礼，欢聚一堂，大家笑语连连，为寿星祝寿。

寿宴上的菜谱名目和数量也有一定的规矩。菜点的总数要取九或是九的倍数，菜点的名目则多用"三仙"、"六合"、"九子"等吉祥词语，借此祝愿寿星长寿。

也有不少菜名是暗切三、六、九的，如"三鲜猴头"、"挂炉烤鸭"、"韭黄鸡丝"、"罗汉大会"、"重阳寿糕"等。还有一些菜名，如"八仙过海"、"麻姑献寿"、"鹿鹤同春"、"寿星罗汉"等，祈吉求祥的意蕴更为明显。

知识点滴

俗语说"人生有三面"，即"洗三面"、"长寿面"、"接三面"。婴儿降生后三日有洗三仪式，吃洗三面祝愿婴儿"长命百岁"；过生日时照例吃"长寿面"，谓之"挑寿"，寓意"福寿绵长"；人死三日的初祭谓之"接三"，以"接三面"招待来宾并表示对亡者的悼念之情悠悠不断。

我国传统寿诞及汤饼筵所食之面条，寓长命百岁之意。民间寿礼，请寿星吃长寿面，体现晚辈祈福寿星福寿绵长的孝道，是我国优良的传统之一。

生日与祝寿的礼仪习俗

　　生日是人来到世上的纪念日，对本人具有特别的意义，因而庆贺生日颇为流行。而向别人祝寿，则成为社交活动的一项内容。

　　在我国为别人祝寿，即"上寿"的风气开始很早。金文中就有多种写法的寿字出现，可见商周时期已有了祝寿的活动。但当时祝寿并

不是固定在出生纪念日。

据清代钱大昕《十驾斋养新录》卷19考证，封建帝王确定在生日举行大型祝寿活动始于唐代。

公元729年农历八月，唐玄宗置酒宴招待群臣，庆祝自己的生日。宴会后，尚书左丞相源乾曜、右丞相张说率文武百官上表，请以玄宗生日八月五日那天为"千秋节"。

此后，唐代皇帝不但在生日祝寿，而且除唐德宗外，都为生日取了专用的名称。如唐肃宗生日叫"天成地平节"，唐武宗生日叫"庆阳节"，唐宣宗生日叫"寿昌节"，唐昭宗生日叫"嘉会节"等等。

据《宋史·礼志》载，1012年11月，宰相王旦生日，宋真宗诏赐羊30头、酒50壶、米面各20斛，允许摆宴、奏乐，庆贺。除宰相外，宋代亲王及皇帝宠爱的官僚每逢生日，皇帝都赏赐礼物以示祝贺。

由于封建帝王的倡导，上行下效，各级官僚借送生日贺礼之机拉关系、交权贵，在宋代成为普遍的风气。

宋代除生日送财物外，还有生日献诗词的风气。大文学家苏轼

《东坡全集》中就有多首祝贺生日的诗，如《表弟程德孺生日诗》等。明清时期，还有以绘有寿星的画轴作为生日贺礼的。不过，据清代学者钱大昕《十驾斋养新录》卷19载，当时风气是"只受文字，其画却回，但为礼数而已"。而且画轴常常并不打开就退回，故而还出现了"无寿星画者，但有它画轴"，就用"红绣囊缄之"以滥竽充数的现象。

祝寿一般是在生日当天，家属及宗族、戚友都要行拜礼并颂念祝贺言词，故又称为"拜寿"。也有在前一天晚上就去贺寿的，称为"预祝"。如有人在生日的第二天前往贺寿，则叫作"补祝"。

还有一种特殊的情况，古代还盛行为已经去世的祖父母或父母在他们诞辰纪念日"称觞祝寿"，叫作"冥寿"、"阴寿"或"冥庆"、"阴庆"。据清代廉吏范祖述《杭俗遗风》载，冥寿之礼，大体如同为生者做寿。凡在家中做冥寿，子孙要身穿彩服，设置寿堂，宗族及亲友登堂拜祝。

冥寿礼品不得送对联，可送寿屏、寿轴。送寿轴者，上书"仙山不老，佛国长存"等字样，也有单写一个"庆"字的。如送桃、糕、烛、面之类，须加纸元宝10副、糖茶两杯，而不送鞋袜。

家中冥庆不拜忏，酒席荤、素均可，以素席为多。如在寺院做阴寿，则必须拜忏，或一日、或三日、或七日不等，以圆满之日为正日。更为隆重者，要拜水陆道场，由49个和尚拜忏七七四十九天。

事毕，阴寿者牌位可放入寺院中的根本堂，以承受香火。做冥寿表达了人们对已故先人的怀念。其习俗一直延续下来。

寿礼也叫"过生日"，此外还有"做寿"、"祝寿"、"庆寿"、"贺寿"等名称。特定年龄又有特定称呼，如"庆八十"、"贺六十"、"古稀之寿"等。

传统寿礼有一套仪规。先要设寿堂，摆寿烛，挂寿幛，铺排陈设，张灯结彩，布置一新。到了生日那天，寿堂正中设寿星老人之位，司仪主持仪式，亲友、晚辈都要来上寿。辈分不同，礼数有别。

平辈往往只是一作揖，子侄辈则为四拜。

寿筵是寿礼的重要一环，主家往往大开宴席，款待来客。宴席的馔肴不外乎鸡鸭鱼肉、山珍海味，但少不了的是"长寿面"。

贺寿的来客都要携带寿礼，诸如寿桃、寿糕、寿面、寿烛、寿屏、寿幛、寿联、寿画、寿彩、万年伞等。这些礼品中但凡能缀饰、点画图案的，一般都要加上一些象征长寿的图案等。

此外，各地又有独具特色和意蕴的礼品。山东掖县出嫁的女儿回娘家为父亲祝寿，一定要做5个祝寿饽饽一摞，然后再加一个，一摞祝寿，另外一个供寿星。蚕乡浙江海宁则要给老人做绸衣、绸裤、绸面鞋子，用抽不尽的蚕丝祝福老人长寿绵绵。

民间信仰是建立寿诞礼仪的基础，因此在某些方面有其独特之处。比如壮族寿礼，举行寿礼时晚辈要用猪肉、鸡来祭祖先，有的地方还要请师公念经。行礼之后，大家还要簇拥着老人唱"祝寿歌"。

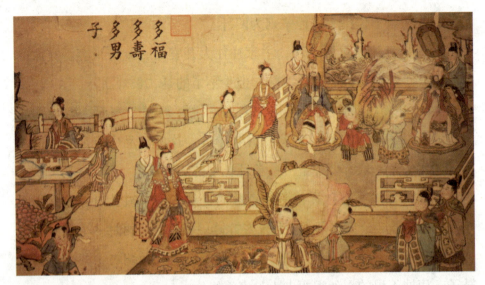

寿诞礼仪的许多仪式是建立在民间信仰基础上的，了解这些俗信，对于理解寿诞仪式有着不可忽视的作用。关于人的寿命的俗信很多，诸如：一些地区小孩10岁的生日由外婆家给做，称"爱子寿"；青年20岁的生日由岳父家做。

我国民间习惯以百岁为上寿，80岁为中寿，60岁为下寿。从60岁开始，各地风俗每逢五、逢十，或者逢九就为当事者举行祝寿活动。

按照旧俗，每个人并不是生下来就可以有资格做寿的，做寿是一件极其重要而慎重的事，所以第一次做寿就更是慎之又慎。

在许多地方，第一次做寿都是由丈母娘来操办的。在四川西部，这叫做"开寿"；在福建、浙江一带则叫作"女婿寿"。大体情况是，在女婿婚后第一次过生日或女婿满30岁生日时，岳父岳母带着礼品到女婿家去贺寿。所带礼品有黄鱼、猪肉5千克，米酒2瓶，面条5千克，衣服2套以及桂圆、枣子、橘子等。

这些礼品各有各的含义：鱼象征"富贵有余"，米酒象征"粮食充足"，面条象征"长命百岁"，衣服象征女儿"有依靠"等。

女婿收到礼物后，要以长寿面和果品、糕饼等回敬岳父岳母，敬祝岳父岳母健康长寿。在四川等地，女婿则打酒、割肉、买菜来款待岳父岳母。

传统做寿礼俗很多。花甲寿是指60岁时做的寿。人们认为，活满一个甲子，就相当于过完了天地宇宙和人生的一个完整周期。所以，民间特别重视庆贺花甲寿诞，礼仪比普通的寿礼更为隆重。

古稀寿特指70岁时的寿诞，因为唐代大诗人杜甫《曲江》诗里有"酒债寻常行处有，人生七十古来稀"的诗句，所以人们把70岁叫作古稀之年，把70岁生日做的寿诞叫作古稀寿。

人活到80岁，便被人们誉为老寿星，80岁做生日是大庆，届时子女亲友都来贺寿，送来寿幛、寿烛、寿桃、寿面、寿联等，同时设寿堂，张灯结彩，接受晚辈和亲友的叩拜、祝贺。礼毕，共享寿宴。

过生日源于一个民间传说：有个少年家境贫寒，和年过七旬的老母亲相依为命。一次，少年突然得了一种不知名的重病，家里无钱医治。奄奄一息之际，有人告诉了他一个方法，称某月某日，"八仙"将路过此地，可备上酒水以求他们帮助。少年依计行事，果然见到了"八仙"，治好了怪病。

"八仙"临别时告诉少年说："今日是你再生之日，此后每年今日予以庆祝，定可长寿。"消息传开后，过生日置酒请客逐渐成为了一种习俗，流传开来。

知识点滴

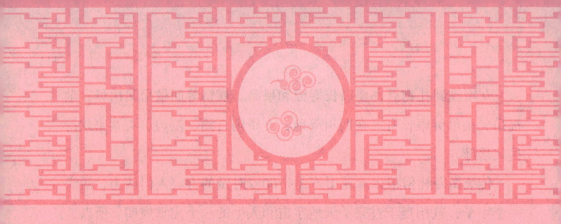

做九不做十的民间习俗

据说"八仙"之一的张果老，一天倒骑着毛驴来到花果山，路遇一砍柴的后生，仔细一瞧，十分惊讶，对他说："小伙子，别砍柴了，你的寿数已尽，是明天午时三刻，快回去准备吧。"

这个砍柴的后生名叫王儿，当他得知老头是神仙张果老时，就双

膝跪地，求大仙救命，说家中有年迈老母需要侍奉。张果老被他说得心软，就如此这般地设下一计，叫王儿去照办。

第二天，张果老邀集众仙及十殿阎罗，去花果山水帘洞孙悟空那里喝酒。来到花果山上空，只见半山腰摆着一桌丰盛的酒席，并无一人。

众仙禁不住酒香的诱惑，按下云头，不管三七二十一，围桌畅饮。酒至

半酣，张果老将手在空中摆了三下，躲在树丛中的王儿便走了出来，说道："诸位，我这桌酒席是摆给天神和阎王爷吃，好为我添寿的，现在你们将它吃了，这便如何是好？"

众仙听了，不禁面面相觑，一时无言以对。这时张果老故意问道："你年纪轻轻，求的什么寿？"接着叫阎罗取出生死簿来查看，一看，果然写明王儿只布19岁阳寿，恰好今日午时三刻寿终。

众仙大惊，张果老叫阎罗帮忙改一改，阎罗怕违犯天条，不敢答应，但又禁不住众仙纷纷劝说，又加上吃了人家求寿酒，只好在十九前面加了个"九"字，于是，那个王儿活到了99岁。

后来，民间就把这个故事逐渐演化成了逢"九"做寿可延年益寿的习俗。

遇到"明九"，如59，69，79，或"暗九"，如63、72、81时，

有些地方还要请和尚、道士来念经做道场，以求安全度关。

我国民间在举行祝寿活动的时候，往往有做"九"不做"十"、做虚不做实的习俗。本来遇到50、60、70和80、90等整十岁寿辰时，是最值得庆贺和纪念的日子。但民间却往往将其提前到49、59、69、79、89岁时来举行隆重的祝寿仪式，到了整十岁生日时，则反而无所表示。

这是因为，在我国传统观念中，认为"十全为满，满则招损"，"十"反而有着到头、到顶的意思，做了整十岁的生日，似乎就意味着已将寿做完，这当然是很不吉利的。

因此，人们往往将整十岁的寿辰提前到虚岁逢九的寿辰来做，以表示寿还远没有尽头。此外，"九"在我国人的心目中是一个吉利的数字，"九"与"久"相谐，寓有生命长久、时日持久等意，因此十分适合庆贺、纪念。

此外，在我国民间还有"做三不做四"的习俗。俗语云"贺三不贺四，贺四要淘气"、"活人不拜四十，死人不拜四七"，这当然是因

为"四"与"死"谐音，是一个不吉利的数字，所以40岁寿辰是不应该大肆渲染庆贺的。

还有一种说法认为"男不做三十，女不做四十"，男到30岁，刚到而立之年，年纪尚轻，无须做寿。

而女的上了30，已经"老"了，所以要做，但到了40岁，真的老了，又怕人家说老，所以不做。另有一种说法，"三"和"散"、"四"和"死"谐音，不吉利，不做是为了回避。那么，女做三十、男做四十，就不怕"散"和"死"吗？

与此同时，为顺利渡关，世俗认为必须采取各种手段进行禳解，才能安全度过，保住生命。

知识点滴

我国各地为老人过66岁生日时，有许多非常讲究的习俗。这些习俗，表达了人们心中的一种祝愿。

浙江地区有一种习俗，在为老人烹制的66块猪肉中，要先拿出两块，一块敬天，一块敬地，其余的再给父母享用。北京地区的人们在过66岁寿日时，要杀猪宰羊并将肉拿到路上散发给众人，意味着已经"掉"了一块肉，就可以免除真的掉肉了。在为父母做66岁生日时，还有女儿赠送红色衣裤、红色腰带等给父母，表示以正压邪、以吉驱凶。

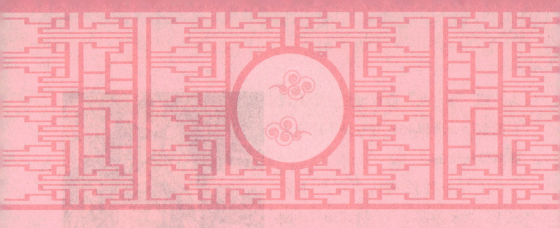

完善的祝寿礼仪和过程

公元前219年，秦始皇第二次出巡，大队人马在泰山封禅刻石，又浩浩荡荡前往渤海。抵达海边之后，秦始皇登上芝罘岛，纵情浓览。

只见云海之间，山川人物时隐时现，蔚为壮观，令秦始皇心驰神往。

这种景象，本来是海市蜃楼，但方士为了迎合秦始皇企望长生的心理，就将其说成传说中的海上仙境。徐福乘机给秦始皇上书，说海中有蓬莱、方丈、瀛洲三座仙山，有仙人居住，可以得到长生仙药。

秦始皇大为高兴，为了自己可以长寿不老，曾派方士徐福率童男童女各3000人，东渡入海寻求仙药。可见当时乞求长寿的愿望已经非常普及了。

为了迎合秦始皇嬴政的这种心理，在当时还出现了献酒上寿的活动，虽然说那时的献酒并不一定与特定的生日联系在一起，但由于活动本身具有"为人上寿"的特点，因此仍可以说是祝寿礼仪的雏形。

至汉代，捧酒为寿。唐宋以后，皇帝寿诞日为自己制定了专门的节日进行祝贺。祈福求祥，盼望寿运长久，祖祖辈辈已约定俗成，由此也带来了隆重的祝寿风尚。

祝寿作为中华民族的一种优良传统，受历朝历代的推崇。上至帝王将相下至平民百姓，爱戴老人，追求长寿之事不乏其例。

民间自古也有尊老敬老的美德，给老人祝寿是其主要的表现形式。年高龄长者为寿，古人有"六十为寿，七十为叟，八十为耄，九十为耋，百岁为期"之称。

祝寿多从60岁开始，习惯以虚岁计算，而且老人父母均已过世。开始做寿后，不能间断，以示长寿。祝寿重视整数，如60岁、70岁、80岁等，逢十则要大庆。尤为重视80岁大寿，隆重庆祝老人高龄。

祝寿时，一般定于生日之日，要设寿堂，向被庆贺的长辈老人送"寿礼"，还要举行一定的拜寿仪式，参加寿宴等。由于家庭经济状况存在差异，祝寿的规模也不尽相同。但不论繁简厚薄，皆表达了儿女的一片孝心和祝福老人健康长寿的美好愿望。

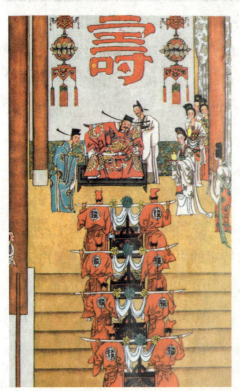

寿堂设在家庭的正厅，是行拜寿礼的地方。堂上挂横联，主题为寿星的姓名和寿龄，中间高悬一个斗大"寿"字或"一笔寿"图，左右两边及下方为100个形体各异的福字，表示百福奉寿，福寿双全，希望老人"寿比南山高、福如东海大"。

两旁供福、禄、寿三星。有的奉南极仙翁、麻姑、王母、八仙等神仙寿星画像。有的还挂"千

寿图"、"百寿图"、"祝寿图"等寿画，寿画中多以梅、桃、菊、松、柏、竹、鹤、锦鸡、寿带鸟为内容，以柏谐百，以竹谐祝，以鹤谐贺，象征长寿。

堂下铺红地毯，两旁寿屏、寿联，四周锦帐或寿彩做衬托。寿屏上面叙述寿星的生平、功德，显示老人德高望重，地位显贵。寿联题词内容多为四言吉语。堂屋正当中摆设有长条几、八仙桌、太师椅，两旁排列大座椅，披红色椅披，置红色椅垫，桌上摆放银器、瓷器，上面供奉寿酒、寿鱼、寿面、寿糕、寿果、寿桃等。

糕要尽量叠高，正好应了那句"寿比南山高"的祝词。祝寿的文章称寿文、寿诗等，都是一些赞颂溢美之词。

祝寿礼品多由家里子女后辈准备，寿礼品种丰富多样，因人而异。既有寿金，也有食品、衣物，食品要以老人平时喜欢吃的为主，但不能缺少寿桃、寿糕和面条。寿

桃一般用面自己蒸制，也有用鲜桃的。

寿糕指寿礼糕点，多以面粉、糖及食用色素混合蒸制成形，饰以各种图案。为老人祝寿注重隆重、喜庆、团圆。寿庆当日，鸡鸣即起，家中举行拜寿仪式，亲朋好友携礼前来祝贺。

被祝寿老人为"寿星"，胸前戴红花，肩上披"花红"，也就是红色缎被面，仪式中总管、司仪、礼笔披红戴彩，寿星老人身穿新衣，朝南坐于寿堂之上，接受亲友、晚辈的祝贺和叩拜，六亲长辈分尊卑男左女右坐旁席。

仪式全程由司仪主持，一切就位后，寿星命令"穿堂"，儿孙们按照顺序依次走过寿堂，司仪逐一报咏。拜寿开始，鸣炮奏乐，长子点寿灯，寿灯用红色蜡烛，按寿龄满十上一根。

接着邀请长辈即寿星的姑舅或叔父讲一点概括性的贺寿话语，长子致祝寿辞，千恩万谢老人养育之恩，深情赞颂老人一生功德，寿辞语言恳切，饱含热情。

叩拜时，先由长子长媳端酒上寿，寿星执酒离座，到堂前向外敬天，向内敬地，然后回座。两口拜也叫对对拜，顺序是儿子与儿媳上前先叩拜，再由女儿与女婿叩拜，接着侄儿媳、侄女婿、孙子媳、孙女婿、外孙子媳、外孙女婿等依次拜寿，没有结婚的孙子孙女以及重孙们举行集体团拜。

拜寿中，寿星给每位参拜者发一个小礼品，这叫"回礼"，孙子辈的发小红包。叩拜结束时，事先指定一孙男或孙女向寿星唱祝寿歌，寿星和颜悦色补赠礼品。叩拜仪式后，寿星以及姑亲还要讲些答谢或感受的话语，直至长子熄灭寿灯时祝寿才宣告结束。

众贺客来拜，寿星一般回避直接受拜。客到时，招待宾客向上堂空位拜揖，由子孙答拜。有的殷富人家祝寿时雇戏班演寿戏，戏班到家中庆贺，一般至深夜始散。

合龙口与拜寿是相辅相成的一项活动，一些祝寿人家将老人的寿材早早做好，待祝寿这天抬出，寿材上铺"花红"，放红线，线的一头栓银元或现金，寿星坐于棺材前，八仙桌上摆放水果，儿孙对面跪拜，三叩首后，木匠开始说喜或称道喜，"柏木长在深山崖，凿子把它砍下来，木匠将它做成材"、"制成香木房，阴司做厅堂"等，木匠拿起事先做好的擀杖，边卷"花红"边念叨，待十卷结束后，抽出擀杖赠送给寿星的长女。

这时，木匠握住笤帚，将棺材比作"龙体"，先扫龙头，再扫龙腰，后扫龙梢，口中念念有词："扫龙头，做王侯；扫龙腰，穿蟒袍，扫龙梢，财神到"等许多吉祥如意的语言。

然后，木匠把由核桃、花生、

红枣、水果糖组成的"寿花"，分别向东西南北方向抛撒，寓意金银满堂、糜谷满仓、儿孙健康、牛羊肥壮。

一切程序后，"龙口"也就是棺材口马上盖好，往后不得随意搬开，如果棺材盖打开了，老人寿终正寝的时间也就到了。

拜寿礼毕后，寿星要先吃长寿面，寿星吃完寿面后，寿星全家人都要吃一点，称为"暖寿"。寿面讲究又细又长，表示寿禄长久，盼望老人"富贵不回头"。

然后举行寿宴，寿星老人坐上席，与亲友后辈共饮寿酒。开头三碗上菜，都是长子跪下举过头送上餐桌，以示对客人的谢意。三碗后客人高呼换人，才由帮忙人上菜。宴席中，众儿孙举杯祝寿，寿星笑容满面，端杯示意。宴席桌上，美酒佳肴，觥筹交错，整个宴席场面，儿孙满堂，亲朋云集，天伦之乐，其乐融融。

知识点滴

徐三亭是福、禄、寿三星中的寿星原型，传说是河南濮阳县徐镇人。徐三亭乐善好施、爱帮助邻里，人们都尊称他为徐三爷。徐三爷帮邻居家看孩子，有一位大嫂在田里对另一位同村但相距较远的另外一家妇女说："三爷这人真好，刚才又给我家看孩子去了。"另一位妇女说："不会吧！三爷刚刚还在我家。"这事一传开，人们都以为徐三爷是个神仙。

徐三亭活了108岁，不食烟火，鹤发童颜，银髯过膝，平时种一桃园，只吃仙桃，不食饭菜。后归仙界，被封寿星。后人为纪念他，改烟城为徐镇，并定二月九日他生日这天举行香会公祭。